부자가 되는
일곱가지 방법
가난뱅이가 되는
일곱가지 방법

7 Wege reich zu werden - 7 Wege arm zu werden.
Das etwas andere Buch über Wirtschaft by Nikolaus Nützel

ⓒ 2010 by cbj Verlag, a division of Verlagsgruppe Random House GmbH, Germany
Korean Translation Copyright ⓒ 2015 by Dolbegae Publishers
All rights reserved.
The Korean language edition published by arrangement with
Verlagsgruppe Random House GmbH through MOMO Agency, Seoul.

생각하는 돌 10

부자가 되는 일곱 가지 방법, 가난뱅이가 되는 일곱 가지 방법
— 조금 다른 경제학

니콜라우스 뉘첼 지음, 조경수 옮김, 소복이 그림, 강수돌 감수 및 해제

2015년 3월 30일 초판 1쇄 발행
2017년 6월 29일 초판 3쇄 발행

펴낸이 한철희 | 펴낸곳 돌베개 | 등록 1979년 8월 25일 제406-2003-000018호
주소 (10881) 경기도 파주시 회동길 77-20 (문발동)
전화 (031) 955-5020 | 팩스 (031) 955-5050
홈페이지 www.dolbegae.co.kr | 전자우편 book@dolbegae.co.kr
블로그 imdol79.blog.me | 트위터 @dolbegae79 | 페이스북 /dolbegae

책임편집 권영민 | 표지 디자인 박진범 | 본문 디자인 박정영·이은정·김동신
마케팅 심찬식·고운성·조원형 | 제작·관리 윤국중·이수민 | 인쇄·제본 상지사 P&B

ISBN 978-89-7199-659-1 44320
       978-89-7199-452-8 (세트)

책값은 뒤표지에 있습니다.

이 도서의 국립중앙도서관 출판예정도서목록(CIP)은 서지정보유통지원시스템 홈페이지(http://seoji.nl.go.kr)와
국가자료공동목록시스템(http://www.nl.go.kr/kolisnet)에서 이용하실 수 있습니다.
(CIP제어번호: CIP2015005513)

부자가 되는 일곱 가지 방법

가난뱅이가 되는 일곱 가지 방법

조금 다른 경제학

니콜라우스 뉘첼 지음 | **조경수** 옮김
소복이 그림 | **강수돌** 감수 및 해제

돌베개

환율, 원자재 가격, 주가, 기타 자산 가격 같은 주요 거시경제 지표들이 지난 몇 달간 대단히 큰 변동성을 보였고 부분적으로는 불규칙적인 진행도 보였다는 점을 고려해야 한다. 여기서 중대한 거시경제적 쇼크들의 상호 작용과 중첩이 나타난다.

출처: 전체경제발달평가전문가위원회의 2008/09년도 연간 평가서

"뭐라고?"

위험을 각오한 적극적 투자자들은 현재 시장의 움직임에서 위험보다는 기회를 더 많이 보는 게 분명하다. 그들이 선호하는 상품은 조기 종료 워런트나 웨이브즈, 미니선물이다. 반대로 표준형 워런트의 경우에 2월 거래량이 1월보다 감소했다. 특히 녹아웃 상품들은 변동이 심한 현 시장 환경의 수혜자이다.

출처: 「파이낸셜 타임스」 독일어판 2009년 4월 3일자

걱정하지 마라!

많은 사람들이 돈과 관련된 건 전부 비밀스런 학문이라고 자꾸
만 말한다. 이 학문은 경제학이라는 비밀스런 이름도 가지고 있다.
그러나 머리 스위치를 켜면 경제학자들의 많은 비밀을 밝힐 수 있
다. 여기까지는 좋은 소식이다.

이제 나쁜 소식 차례다. 유감스럽게도 우리가 재화가 부족한 세
상에 살고 있다는 경제학자들의 기본 주장은 옳다. 다시 말해서 놀
고먹는 낙원은 없다. 모든 사람이 모든 것을 무한정 가질 수는 없다.
빵이나 파이가 나는 나무는 없고 휴대폰이 자라는 나무도 없다. 또
한 부족한 재화는 분배되어야 한다. 그렇기 때문에 '파이를 어떻게
굽고 어떻게 나누는가?'라는 문제는 날마다 새로이 중요하다.

또 한 가지 나쁜 소식은 '부족한 재화 분배'라는 이름의 게임은
아무도 도중에 그만둘 수 없다는 것이다. 경제, 노동 생활에서 어떤
자리를 획득할지 신경 쓰지 않으면 한 자리를 할당받게 되는데, 그

자리는 최선이 아니기 십상이다.

   파이가 어떻게 구워지고 분배되는지에 대한 힌트 몇 가지가 이
책에 실려 있다. 파이를 굽고 나눌 때 궁극적으로 광기가 발생하지
않도록 각자 스스로 할 수 있는 일에 대한 아이디어도 몇 가지 들어
있을 것이다.

                                              니콜라우스 뉘첼

차례

2부. 가난뱅이가 되는 일곱 가지 방법

3부. 함께 잘사는 일곱 가지 방법

울리히 푀플, 토마스 가우베, 우베 – 미하엘 구취한에게
이 책에 대해 비판적 논평을 해 준 데 대해 감사한다.
물론 그들은 내용에 대해 전혀 책임이 없다.

일러두기

1. 우리나라 사례에 대해 보충 설명한 별면은 감수자가 집필했다.
2. 원서의 유로화나 달러화 수치를 살려 쓰고, 필요에 따라 원화 환산액을 병기했다. 해당 시점과 상관 없이 1유로는 1,300원, 1달러는 1,000원으로 일률적으로 어림잡아 계산했다. 환율은 수시로 변동하는 것이므로 오로지 참고만 하기 바란다.
3. 저자의 의도를 훼손하지 않는 선에서 책에 실린 통계 수치 일부를 최근 것으로 수정했다.
4. 본문 중 ( )로 묶은 것은 저자가, 〔 〕로 묶은 것은 역자가 붙인 부연 설명이나 주석이다.

1부

부자가 되는 일곱 가지 방법

01

'알디' 모델
또는 보이지 않는 손과 무시무시한 상인

2010년 압도적인 독일 최고 부자로 꼽힌 남자의 쓸 만한 최근 사진은 없다. 카를 알브레히트[이 책이 독일에서 출간된 후인 2014년 7월 16일에 사망했다.]는 남들이 자기에 대해 떠들거나 끼적거리는 것을 결코 좋아하지 않는다. 사진 찍히는 것은 말할 것도 없다. 동생 테오도 마찬가지다. 알브레히트 형제보다는 그들을 부자로 만들어 준 기업이 훨씬 유명하다. 독일에서 알디Aldi를 모르는 사람은 없다. 설사 알디라는 회사 이름이 준말이라는 건 다 알지 못하더라도. 1962년 도르트문트에서 최초의 '알브레히트 할인점'Albrecht Discount이 문을 열었을 때만 해도 카를과 테오의 성姓을 잘 알아볼 수 있었다. 알디라는 준말로는 알아보기 힘들다.

형제는 상점을 알디 쥐트Süd와 알디 노르트Nord로 나눠 카를 알브레히트가 쥐트를 맡고 테오 알브레히트가 노르트의 책임을 맡았지만, 알디는 전체적으로 알디로 남아 있었다. 비록 남독일과 북독일에서 약간 다른 로고를 쓰기는 하지만.

알디는 독일에서만 우유나 밀가루, 마가린을 사는 수백만 명의 일상에 속하는 것이 아니다. 다른 많은 유럽 국가에서도 갈수록 많은 소비자들이 알디를 이용하고 있고, 미국과 오스트레일리아에서도 그렇다. 오스트리아에서는 호퍼Hofer라는 이름으로 체인이 운영되지만 그곳 고객들도 호퍼가 어떤 회사인지 알고 있다. 그러니까 알디의 역사는 틀림없이 성공 스토리다. 적어도 알브레히트 가족에게는. 이 이야기는 나중에 조금 더 하겠다.

보다시피 우리는 카를 알브레히트, 그와 거의 맞먹는 부자 동생 테오로부터 경제가 때때로 얼마나 단순하게 굴러가는지 배울 수 있다. 싼값에 구입해 그보다 약간 비싼 값에 되파는 것이다. 그러면 **순식간에** 억만장자가 된다. 미국 「포브스」지는 2000년에 카를 알브레히트의 재산을 약 173억 유로(숫자로 나타내면 17,300,000,000유로)22조 4,900억원로 추정했고, 테오 알브레히트의 재산은 123억 유로(숫자로 나타내면 12,300,000,000유로)15조 9,900억원로 추정했다.

물론 그런 금액이 얼마만큼인지 누구도 상상할 수 없다. 하지만 이런 부富의 일부를 직접 눈으로 볼 수는 있다. 알브레히트 형제의 재산은 대부분 은행 계좌에 보관되어 있지 않고 무엇보다도 알브레히트 가족이 소유한 약 8,000개에 이르는 알디 점포에 들어 있기 때문이다. 알브레히트 일가가 매초마다 점점 부유해지는 것을 우리 눈으로 볼 수 있다. 계산대 옆에 서 있기만 하면 된다.

티끌 모아 태산

베를린, 쾰른, 뮌헨의 알디 매장에서 어떤 고객이 냉동 피자를 1.79유로에, 바나나를 1.39유로에, 커피를 2.99유로에, 초콜릿 2개를 개당 39센트〔유럽연합의 화폐 단위로 '유로센트'라고도 한다. 1센트는 100분의 1유로다.〕에, 우유 2리터를 리터당 49센트에 샀다고 가정해 보자. 어쩌면 '판촉 행사'로 단 며칠만 할인하는 자전거 헬멧이 추가될 수도 있다. 헬멧 가격은 5.99유로다. 따라서 계산서에는 총 13.92유로가 찍힌다. 그건 확실하다.

그다지 확실하지 않은 것은 알디 유통그룹이 바나나, 커피, 자전거 헬멧을 구매할 때 생산자들에게 지불하는 금액이다. 알디 매장들이 늘어서 있는 장소가 얼마나 비싸고, 조명에 돈이 얼마나 드는지 등등도 마찬가지로 불확실하다. 알디는 그런 정보를 전혀 공개하지 않기 때문이다. 하지만 추정치가 있다. 전문가들은 알디 소유주들이 1유로당 96~97센트를 물건 구입과 직원 급여 등에 지출해야 할 거라고 추측한다. 다시 말해서 금전등록기에 들어오는 매출 1유로1,300원 중 3~4센트39~52원 정도가 이익으로 남는다. 앞에서 말한 13.92유로18,096원짜리 계산서에서는 약 40~50센트520~650원가 이익일 것이다.

보기에는 별로 큰돈 같지 않다. 하지만 매일 수백만 명이 알디에서 장을 보고, 독일에서만 매년 어림잡아 270억 유로35조 1,000억원의 매출이 발생한다는 점을 생각하면 '박리다매'라는 사실이 금방 분명해진다. 많이 파는 덕분에 알디 소유주들은 매년 수억 유로에 이르는 이익을 챙긴다.

싸다고 다 좋은가?

보다시피 알디의 역사에는 승자만 있다. 우선, 알브레히트 일가가 그렇다. 어마어마한 부자가 되었기 때문이다. 알디에서 장을 보는 사람들도 승자다. 몇 푼 안 되는 돈으로 쇼핑 카트를 가득 채울 수 있기 때문이다. 알디 직원들조차 전혀 처지가 나쁘지 않다. 계산대에 앉아 있는 남녀들은 그 일을 하기 위해 대단한 직업교육을 받을 필요가 없다. '특별한 자격이 필요 없는' 다른 일자리에 비하면 알디 직원들의 벌이는 나쁘지 않다. 일반적으로 시간당 8~10유로10,400~13,000원의 세후 순임금(연금보험료와 의료보험료 등을 공제한 금액)을 받는다. 여기에 대해서도 알디는 공식적으로 아무것도 밝히지 않는다. 하지만 한 가지는 확실하다. 독일에는 그런 계산원 급여의 절반도 안 주는 일자리들이 있다는 사실이다(11장 참조).

그러므로 각 알디 매장은 모든 시대를 통틀어 아마도 가장 유명한 경제학자의 주장이 옳았음을 증명하는 일례가 될 수 있을 것이다. 그 경제학자는 바로 애덤 스미스다.

현대 경제학의 아버지 애덤 스미스

애덤 스미스는 현대 경제학의 창시자로 여겨진다. 스미스는 1723년부터 1790년까지 영국에서 살았다. 사망한 지 벌써 200년도 더 지났지만, 많은 사람들이 스미스가 깨달은 몇 가지 기본 진리가 오늘날에도 2세기 전과 마찬가지로 통용된다고 생각한다. 스미스는 원래 철학자로, 옥스퍼드 대학에서 철학을 공부했다. 후에 스코틀랜드 글래스고 대학 도덕철학 교수가 되었다. 『국부론』이란 제목의 저서는 자유 시장경제 신봉자들에게 일종의 성서가 되었다. 스미스가 만들어 낸 핵심 개념은 '**보이지 않는 손**'the invisible hand이다. 이 개념으로 스미스는 한 국가에서 아무리 각 개인이 자기 이익만을 생각한다 하더라도 대다수에게 부富가 발생한다는 확신을 표현했다. **"이 경우 그는 다른 많은 경우처럼 보이지 않는 손에 이끌려 전혀 의도하지 않았던 목적을 달성하게 된다."**

스미스는 무엇보다도 모든 사람이 늘 그가 가지고 있는(또는 할 수 있는) 것을 남들이 가지고 있는(또는 할 수 있는) 것과 가능한 한 잘 교환하거나 팔려고 애쓴다는 근본 신념을 고수했다. 즉, 각 개인을 움직이는 것은 **이기심**이라고 이 영국인은 생각했다. 그런데 이 이기심은 각자가 부유해지려고 애쓰는 무질서한 싸움질로 끝나지 않는다. 오히려 스미스는 각자가 자기 노동(또는 자기가 만드는 상품)

의 대가로 얻는 것이 끊임없이 질서를 새로 잡는다고 생각했다.

다소 비밀스러운 힘, 이를테면 (카를 또는 테오 알브레히트 같은) 어떤 상인의 이기심이 마치 '보이지 않는 손'처럼 작용해서 고객들이 바라는 바로 그곳에 상점을 열게 만든다는 것이다. 그리고 상인은 고객들이 원하는 물건들로 가게 선반을 채운다. 그러지 않으면 아무것도 팔지 못할 것이다. 그 밖에도 상인의 이기심은 가격을 되도록 낮게 매기게 만든다. 고객들은 가능하면 돈을 적게 내려는 이기심을 지니고 있기 때문이다.

상인을 위해 상품을 제조하는 사람들의 이기심은 제품의 대가를 되도록 많이 요구하게 만들 것이다. 그러나 지구상의 수십억 명이 상품이나 노동의 가치에 대해 매일 새로이 합의 비슷한 것을 보기 때문에 상황은 시시각각 새로이 안정된다. 과거에 상인과 구매자들이 커다란 장터에서 늘 새로이 적절한 가격을 흥정했던 것처럼 시장경제는 공급과 수요가 올바른 균형을 이루게 만들어 준다는 것이다. 시장경제에서 상품과 서비스에 최종적으로 지불되는 '시장가격'은 스미스에 따르면 사람들이 무엇을 원하는지 알려 주는 대단히 귀중한 정보이다. 왜냐하면 사람들은 원하는 것에 대해서는 특별히 높은 가격을 치를 의향이 있기 때문이다. 결국에는 모든 사람이 승자다. 이론은 그렇다.

'보이지 않는 손'의 난폭함

오래 숙고하지 않아도 이 게임에는 물론 승자만 있는 것이 결코 아니라는 사실을 알아차리게 된다. **밀어내기 경쟁**을 예로 들어 보자. 알브레히트 형제가 세운 기업의 동화 같은 성장은 그와 동시에 수많은 다른 소매상들이 포기했기 때문에 가능했다. 비록 주인들이 장사로 먹고살 수 있는 작은 점포들도 계속 존재하기는 하지만, 알디 같은 할인점의 공격적 전략은 많은 경쟁자들의 숨통을 조였다.

또는 **지속 가능성**을 예로 들어 보자. 애덤 스미스가 살던 시대만 해도 기후 재앙이나 오존층 구멍은 화제가 되지 않았다. 그러나 오늘날에는 현대 경제가 지구라는 행성을 엄청나게 혹사한다는 사실을 부정하는 사람은 아무도 없다. 나중에 다시 자라날 수보다 많은 나무를 벌채한다. 알에서 부화하는 물고기 수보다 많은 물고기를 잡는다. 대기가 견딜 수 있는 양보다 많은 배기가스가 공기 중에 배출된다.

이런 사실이 알디와 무슨 상관이 있는가? 꽤 있다. 알브레히트 형제는 이제 유기농 바나나도 매장에 들여놓는다. 그러니 알디도 환경을 보호한다고 말할 수 있을 것이다. 하지만 알디 매장들은 여전히 '세상은 얼마나 가치가 있는가? 전혀 없다.'라는 좌우명에 따른 생각의 표본이다. 알디 매장은 대개 차가 있어야만 가기 쉽다. 이를 위해 아스팔트가 깔린 주차장 하나하나는 (아마도 영원히) 잃어버린 대지다. 상관없다. 수백만 명의 알디 고객들은 장을 보러 가면서

카를 알브레히트 17,300,000,000€

휘발유 수백만 리터를 연소하고 수천 톤의 이산화탄소와 다른 유해 가스를 대기에 뿜어 댄다. 상관없다.

그렇다고 해서 알브레히트 형제를 결코 비난할 수는 없다. 형제는 언제나 현행 규정을 준수해 왔다. 금지되었을 만한 일도 절대 하지 않았다. 게다가 그런 식으로 장사하는 게 알브레히트 형제만은 아니다. 리들이나 페니, 네토도 알디와 똑같은 식으로 장사한다. BMW, 폴크스바겐, 포드가 자동차를 만들 때 본질적으로 동일한 방식으로 일하는 것과 마찬가지로.

바로 그렇기 때문에 알브레히트 형제는 '보이지 않는 손'이 이것저것 망가뜨리는 손이라는 사실을 보여 주는 좋은 예다. 그런데 문제는 망가뜨릴 때 나는 폭음이 뒤늦게 들리기 일쑤여서 많은 이들이 '보이지 않는 손'을 그 폭음과 완전히 무관하다고 생각한다는 점이다. 카를과 테오 알브레히트가 처음에 알디 매장들을 푸른 초원에 세웠을 때만 해도 인간에 의한 환경 위협은 거의 문제가 되지 않았다. 반면에 '보이지 않는 손'이 저지르는 몇몇 추한 타격은 당장 눈에 보인다. 이런 타격들은 이 손이 본디부터 난폭하다는 사실을 폭로한다.

우유 호수에서 목말라 죽다

방방곡곡 알디 매장에서 매일 수백 번 계산대를 거치는, 앞에서도 잠깐 언급했던 우유 얘기를 다시 한 번 해 보자. 2009년 중반 우유 1리터 가격은 50센트도 안 되었다. 그중 약 20센트가 우유를 제공하는 젖소를 키우는 농부들에게 돌아갔다. 농부가 받는 20센트와 고객이 지불하는 약 50센트 간의 30센트쯤 되는 차액은 낙농업체, 운송, 포장에 분배되고 물론 상인에게도 분배된다.

바이에른의 휴가객이나 그림책 일러스트레이터가 상상하는 식으로 경제활동을 하는 농부는 유감스럽게도 리터당 20센트로는 비용을 감당할 수 없다. 어림없다. 해마다 우유를 1만 리터 이상 생산하는 '터보 젖소'들이 있는 우유 공장들이나 그런 가격을 받고도 살아남을 수 있다. 대신에 이런 우유 공장들에서 젖을 짜이는 젖소들은 커다란 대가를 치른다. 품종을 대폭 개량한 요즘 젖소들은 수십년 전에 비해 두 배나 많은 젖을 생산한다. 4~5년만 지나면 이 젖소들은 기력이 완전히 쇠하여 아직 20년은 더 살 수 있을 텐데도 도살된다.

수년 전부터 농부들은 그들이 공급하는 우유 가격이 너무 싸다고 자꾸만 불평하고 있다. 그러나 키우는 젖소를 기계처럼 다루고 싶어 하지 않는 농부들의 항의는 아무 소용도 없었다. 우유 문제에서는 돈이 걸린 일에 늘 적용되는 기본 규칙이 드러나기 때문이다. 그 규칙이란 '만사가 권력의 문제'라는 것이다.

힘이 너희와 함께 있으리

우유 문제에서 권력 게임은 이런 식으로 진행된다. 알디나 리들, 네토, 페니 같은 유통업체들은 고객에게 되도록 저렴하다고 인식되고 싶어 한다. 무엇보다도 물, 커피, 우유처럼 반복해서 구입하는 물건이 싼 쪽이 저렴하게 여겨진다. 그런 까닭에 농부가 원래는 우유 1리터당 40센트를 받아야 한다는 사실에 유통 체인들은 애초에 관심조차 갖지 않는다. 유통업체들은 농부에게 20센트밖에 줄 수 없다고 딱 잘라 말한다. 그래야만 상인은 우유를 눈에 띄게 싼 가격에 공급할 수 있기 때문이다.

상인의 이런 힘찬 단언에 농부들은 물론 힘찬 문장으로 대답할 수 있을 것이다. "우리 우유를 그런 헐값에 내줄 수 없소." 여기서 발생하는 문제를 오노 포핑가라는 멋진 이름을 가진 교수가 언젠가 이렇게 표현했다. "독일에는 젖소를 키우는 농부 10만 명과 낙농업체 100개, 그리고 알디가 하나 있다." 다시 말해서 농부 몇천 명이 알디가 요구하는 헐값에 우유를 팔지 않겠다고 결심하더라도 이런 권력 게임에 뛰어드는 수천 명이 늘 남아 있다는 뜻이다.

그러니까 애덤 스미스는 한 가지는 옳았을 것이다. 사람이 일하고 발명하고 거래하는 것, 즉 경제활동을 하는 것은 사실 대개는 무엇보다도 이기심 때문이다. 그러나 누가 이기심을 가장 잘 관철할 수 있는가는 늘 권력의 문제이다. 권력이 끼어들면 항상 패배자도 생긴다.

일이 다르게도 굴러갈 수 있을지에 대해서는 15~21장에서 다루겠다. 지금은 우선 억만장자가 될 수 있는 또 다른 방법을 알아보려고 한다.

대형 마트는 많은 것을 집어삼킨다

『카트』라는 영화가 2014년 11월에 개봉되었다. 카트는 원래 대형 마트들이 무료로 제공하는 커다란 장바구니로, 유모차처럼 편하게 밀고 다닐 수 있다. 손님들이 이것저것 많이 사더라도 무겁지 않게 장을 봐서 자동차까지 나를 수 있게 도와준다. 그런 카트를 끌고 마트 안으로 들어서는 순간, 단정하게 차려입은 직원들이 "고객님, 어서 오세요. 오늘도 행복한 하루 되세요, 고객님!" 하며 미소 띤 얼굴로 깍듯이 인사한다. 알고 보면 이들은 알바 생과 비슷한 '시간제 근로자'이거나, 2년 뒤에는 계약 해지를 당할지도 모르는 '기간제 근로자'이다. 이들뿐만 아니라 물건을 팔거나 카운터에서 계산하는 직원 대부분이 시간제나 기간제로 일한다. 이들은 낮은 시급에 하루 종일 서서 일하는 것도 모자라 낯선 손님들에게 간도 빼어 줄 것처럼 비위를 맞추며 '감정노동'을 하지만, 언제 잘릴지 모르는 불안감 속에 살아야 한다. 실제로 지난 2007년 이랜드 계열 마트에서 일하던 노동자 수백 명이 하루아침에 해고되어 265일 동안 파업을 벌이기도 했다. 『카트』는 바로 이 사건을 다룬 영화이다.

뿐만 아니다. 대형 마트가 도시 곳곳에 생기는 동안 바로 우리

집 근처에 있던 동네 가게들은 하나 둘 사라지고 말았다. 할아버지 할머니가 지키던 구멍가게도 사라졌고, 이웃집 아저씨가 퇴직금을 털어서 연 작은 채소 가게도 대형 마트에 밀려 빚더미로 전락하고 말았다. 대형 마트가 닥치는 대로 집어삼키는 괴물 같은 존재가 되어 버린 것이다. 그나마 겨우겨우 남아 있던 동네 편의점들도 기업형 슈퍼마켓SSM이 생기면서 서서히 사라져 갔다.

그렇게 대형 마트나 기업형 슈퍼마켓이 벌어들인 돈은 어디로 가는 걸까? 대부분은 중소도시에서 대도시로, 또 지방에서 서울로 간다. 대형 마트나 기업에 투자한 사람들, 즉 기업주나 주주의 손으로 돈이 들어가는 것이다. 때로는 해외의 주주들에게도 많은 배당금이 건네진다. 그리하여 전국 곳곳에서 나온 돈들은 그 지역에 환원되기보다 일부 부자들의 손으로 집중되는 것이다.

02

'공장주' 모델
또는 노동의 가치는 어디로 흘러가는가?

BMW 자동차를 한 대 가지는 것은 멋진 일이다. 적어도 전 세계의 꽤 많은 사람들이 그렇게 생각한다. 그런 고급 승용차를 18만 대 정도 소유하는 것은 훨씬 더 멋진 일이다. 원한다면 1년에 약 18만 대의 BMW 차를 가질 수 있는 여성이 있다. 하지만 그녀는 그 차들을 당장 내다 판다. 자동차 판매 수익과 또 다른 몇 가지 수입 덕분에 주자네 클라텐은 독일에서 가장 부유한 여성이 되었다.

주자네 클라텐의 재산 가치는 언젠가 82억 유로(숫자로 나타내면 8,200,000,000유로)10조 6,600억원로 추산되었다. 1장에서 다룬 알디 일가의 재산만 파악하기 힘든 것은 아니다. 주자네 클라텐의 재산 역시 보통 사람은 쉽사리 상상할 수 없다. 몇 가지 계산을 통해 시도해 볼 수는 있다. 82억 유로가 있으면 25만 유로3억 2,500만원짜리 멋진 단독주택이나 아파트를 3만 2,800채 살 수 있다. 한 집에 평균 세 명이 거주한다고 치면 다 합쳐서 대략 10만 명이 사는 공간, 즉 도시 하나가 생기는 셈이다. 또는 기업가 주자네 클라텐의 재산이 메클렌부르크-포어포머른 같은 연방주가 1년에 지출하는 금액에 맞먹는다고 단언할 수 있을 것이다. 메클렌부르크-포어포머른 주에서 근무하는 모든 교사와 경찰의 급여, 모든 도로 건설비, 기타 몇 가지 사업비로 쓰는 돈 말이다.

하지만 주자네 클라텐이 추정 재산 82억 유로를 은행 계좌에 넣어 두고 그중 30억, 40억, 50억을 아무 때나 인출할 수 있는 것은 아니다. 그럴 계획도 전혀 없다. 주자네 클라텐의 재산은 주로 대기업들에 분산되어 있다. 그중 가장 유명한 회사는 자동차 제조업체 BMW다. 그 밖에도 주자네 클라텐은 풍력 발전용 터빈을 제조하는 노르덱스 사도 상당 부분 소유하고 있다. 또한 알타나의 거의 유일한 소유주다. 알타나는 화학제품 전문 업체로 BMW보다는 훨씬 덜 유명하다. 하지만 알타나도 작은 회사는 아니다. 약 4,800명이 일한다. 그러니까 주자네 클라텐을 위해 일하는 것이다. 마찬가지로 약 10만 명에 이르는 BMW 종업원들도 부분적으로는 주자네 클라텐을 위해 일한다. 주자네 클라텐에게 좋은 점은 직원 하나하나가 자기 자신을 위해 돈을 벌지만, 클라텐 여사를 위해서도 거액을 벌어들인다는 사실이다.

다 똑같은 소유가 아니다

회사를 소유하는 방식은 아주 다양하다. 예를 들어 수공업 공장이나 가게를 여는 사람은 직접, 혼자 소유한다. 반면에 규모가 큰 회사들은 대부분 이른바 자본회사다. 다시 말해서 회사 소유권이 여러 소유주들에게 분배된다. 중소기업들은 흔히 **유한책임회사**를 회사의 법률적 형태로 선택한다. 유한책임회사는 도산할 경우에 소유주들이 회사에 투자한 자본만 손해 보기 때문에 이런 이름을 달고 있다. 유한책임회사 소유주(사원)들의 기타 개인 재산은 회사가 망해도 그대로 남아 있다. 더 큰 기업들은 주로 **주식회사** 형태를 선택한다. 주식회사는 지분을 증시에서 거래할 수 있다(꼭 그럴 필요는 없다). 여기에 관한 보다 상세한 내용은 7장에 실려 있다. 주식회사가 내는 흑자의 일부는 이를테면 새 기계를 구입하는 등의 용도로 회사에 재투자된다. 흑자의 나머지 부분은 주주들에게 지급된다. 이익이 나눠지기 때문에, 즉 배당되기 때문에 전문용어로는 '배당금'이라고 한다.

큰 숫자 – 큰 효과

경제가 상거래 부문에서만 별로 복잡하지 않은 건 아니다. 상인이 판매하는 상품을 제조하는 문제에 있어서도 어느 정도 단순한 규칙들이 몇 가지 있다. 간단하면서도 유익한, 다음과 같은 계산을 해

볼 수 있다. 호황이었던 2007년에 BMW는 세계적으로 약 150만 대의 자동차를 판매했다.[2014년에는 210만 대를 판매했다.] BMW는 자동차 판매로 일정 금액을 벌어들이지만, 물론 일정 금액을 지출하기도 해야 한다. 차체를 만드는 철판 구입비나 자동차를 조립하거나 미래의 엔진을 고안하는 사람들 임금 말이다. 예를 들어 2007년에 BMW는 약 560억 유로72조 8,000억원를 벌어들였고 동시에 약 530억 유로68조 9,000억원를 지출했다. 최종적으로 약 31억 유로4조 300억원가 남았다.

BMW의 금고에 남은 이익 31억 유로 중에서 6억 9,400만 유로9,022억원는 이른바 배당금으로 회사 주인들에게 전달되었다. BMW는 주인이 아주 많다. 그들 각자의 지분은 주식으로 나눠져 있다. 각 주주가 이런 지분을 얼마나 가지고 있느냐에 따라 배당금 몫이 커지거나 작아진다. 주자네 클라텐은 BMW 주식회사 지분을 12.6퍼센트 보유하고 있기 때문에 배당금도 12.6퍼센트 받는다.

그러니까 BMW의 종업원들은 2007년에 자기 연봉만 번 게 아니라 부가가치도 창출한 것이다. 이 부가가치는 사원 자신이 아니라 주주들의 몫이다. 2007년에 이런 부가가치는 1인당 약 6,500유로845만원였다. 계산상 종업원 한 명이 평균 이 정도 금액을 주주들에게 흘러간 배당금으로 벌어들였다.

주자네 클라텐은 BMW 주식의 1/8을 소유하기 때문에 BMW 종업원 약 1만 2,000명이 클라텐에게 각각 6,500유로를 넘겨준 셈이다. 그렇게 많은 노동자들이 돈을 모으면 상당한 금액이 쌓인다. 주자네 클라텐은 한 해에 8,000만 유로1,040억원를 배당금으로 받았다.

BMW의 주식 지분을 보유하고 있다는 이유만으로 말이다.

괴로움인가 축복인가? '재무적 투자자'의 역할

동물들은 일반적으로 회사를 소유할 수 없다. 기업을 매입하는 '메뚜기'라는 말을 할 때는 곤충 메뚜기를 의미하는 것이 아니다. 독일 사민당 정치가 프란츠 뮌테페링이 2005년에 했던 메뚜기 떼 얘기는 이른바 '재무적 투자자'를 염두에 둔 말이었다. 재무적 투자자들은 기업이지만, 아무것도 생산하지 않는다. 그들은 오히려 다른 기업들을 통째로 또는 부분적으로 매입하는 것을 전문으로 한다. 재무적 투자자들은 때로는 난폭한 방법으로 어마어마한 이익을 얻는다. 그런 이유로 '메뚜기'라는 명칭이 일반적으로 쓰이게 되었다. 비판론자들이 보기에 재무적 투자자들은 풀을 다 뜯어 먹어 주변을 피폐하게 만드는 떠돌이 메뚜기 떼처럼 회사들을 잡아먹기 때문이다. 투자회사 사장들의 생각은 물론 다르다. 하지만 그들도 한 가지는 부정할 수 없다. 많은 재무적 투자자들이 막대한 힘을 지녔다는 사실이다. 투자회사들 가운데 최대 기업인 미국 블랙록 사는 대략 독일의 연간 국내총생산에 맞먹는 금액을 관리한다. 블랙록은 2009년 말 약 2조 2,000억 유로2,860조원를 관리했고, 독일 국내총생산은 약 2조 5,000억 유로3,250조원였다. 따라서 이런 질문이 대두된다. 누가 더 힘이 있는가? 블랙록 같은 기업의 수장인가, 아니면 정부의 수장인가?

눈덩이 법칙

독일에서 가장 부유한 여성은 BMW 배당금 외에 전혀 다른 수입원이 있다. 2007년 당시, 주자네 클라텐이 주식을 절반 넘게 보유했던 알타나 주식회사는 사업 일부를 다른 기업에 팔았다. 매각으로 얻은 수입의 상당액이 주주들에게 배당되었다. 주자네 클라텐은 그 매각으로 23억 6,600만 유로(숫자로는 2,366,000,000유로)3조 758억 원를 벌었다. 평범한 노동자의 수입과 비교하면 직장인 약 6만 명 연봉을 합쳐야 그 금액이 될 것이다.

들리는 소문에 따르면 주자네 클라텐도 부지런한 사람이다. 제대로 재산을 관리하기 위해 노력한다. 하지만 주자네 클라텐의 재산은 일차적으로는 의심할 것도 없이 근면함 덕분이 아니라 행운 덕분이다. 번듯한 가문에 태어난 행운 말이다. 클라텐의 본가인 크반트 가문은 벌써 100년도 전부터 산업계에서 돈을 벌어들이고 있다(주자네 클라텐은 결혼하면서 크반트란 성을 버리고 남편 성을 따랐다). 그만큼 오랫동안 크반트 가문은 이 기업 왕국이 소유한 다양한 공장에서 종업원들이 창출하는 가치로부터 이익을 얻었다. 완전히 눈덩이 법칙에 따라서 말이다. (어느 정도 축축한) 눈 위에서 눈덩이를 굴리면 방향을 바꿀 때마다 점점 많은 눈이 달라붙어서 눈덩이가 갈수록 커진다. 눈덩이가 클수록 더 많이 달라붙는다. 그렇게 계속된다.

공장으로 부자가 되는 법: 크반트 가문의 간략한 역사

크반트 가문은 독일 및 전 세계에서 가장 부유한 산업가 집안에 드는데도 불구하고 별로 유명하지 않다. 초석을 세운 사람은 에밀 크반트였다. 에밀 크반트는 1883년 브란덴부르크 주 프리츠발크에서 직물 공장을 인수했다. 제1차 세계대전 때 크반트 가문은 대규모 군복 주문을 받았다. 전후에 회사를 상속한 귄터 크반트는 그룹의 사업 영역을 섬유산업 너머로 확대할 수 있었다. 귄터 크반트는 특히 인공비료 생산에 중요한 칼리 사업에 주력했다. 그 밖에 축전지, 전지 생산 공장들에 투자했고, 이 제품들은 후에 그 유명한 바르타VARTA 상표로 팔렸다.

크반트 그룹은 제2차 세계대전의 득도 보았다. 탄약을 비롯한 군수품을 생산했던 것이다. 전후에 귄터 크반트의 차남 헤르베르트는 제약·화학 업체인 알타나(바르타 그룹에서 분리)를 키우는 데 주력하는 한편, 자동차 제조업체 BMW의 주식을 다수 매입했다. 헤르베르트의 지분은 그가 사망할 때까지 다시 50퍼센트 아래로 줄었지만, 헤르베르트 크반트의 유산 덕분에 아내인 요한나는 2009년 현재 BMW 주식의 16.3퍼센트, 아들 슈테판은 17.4퍼센트, 딸 주자네는 12.6퍼센트를 보유하고 있다. 헤르베르트의 자녀인 슈테판과 주자네는 여러 기업들에 분산돼 있는 회사 자본을 대량으로 소유하고 있다.

주자네 클라텐 8,200,000,000€

크반트 가문은 이미 역사가 오래된, 부자 되는 방법의 일례다. 이른바 생산수단(이 경우에는 공장)을 소유한 것이다. 크반트 가문은 자신들의 생산수난을 써서 일하는 사람들이 창출하는 가치를 늘 조금씩 떼어 간다. 하지만 대부분의 생산직과 사무직 사원들도 지난 수십 년간 그 때문에 손해를 입지는 않았다. BMW에서는 고급 관리자와 엔지니어들만 높은 급여를 받는 것이 아니다. 공장에서 자동차와 오토바이를 조립하는 노동자들도 비교적 괜찮은 대우를 받는다.

그러므로 BMW 같은 산업체에서 이른바 파이가 구워지는 방식은 모든 관계자들에게 이익을 안겨 준다. 적어도 첫눈에는 그렇게 생각할 수 있다. 오븐을 가진 사람들은 더 큰 이익을 챙긴다. (앞에서 언급했듯이 BMW 대주주 주자네 클라텐의 연소득은 가장 부지런한 BWM 사원의 연소득보다 어마어마하게 많다.) 하지만 반죽을 이기고 파이를 오븐에서 꺼내는 사람들도 자기 몫을 받는다. 인도나 에티오피아 공장 노동자와 비교하면 독일 평균 노동자는 호사를 누리는 셈이다. 원한다면 주자네 클라텐 같은 사람들이 주변에 설치한 오븐 곁에 설 행운을 누리기 때문이다. (물론 독일이나 오스트리아, 스위스에서도 가난하게 살 수 있다는 사실에 대해서는 9~14장에서 자세히 다루겠다.)

선진 산업국에서 다수의 사람들이 영위하는 부는 역사를 몇 걸음 거슬러 올라가면 특히 더 잘 알아볼 수 있다.

우리는 점점 부유해진다

지금 사람들은 믿기 힘들겠지만, 어떤 물건들은 그리 멀지 않은 과거에만 해도 절대적 사치품이었다. 자동차 소유는 1960년대에 동독뿐만 아니라 서독에서도 보편이 아니라 예외였다. 1960년에는 자가용이 있는 집이 일곱 집 중 한 집에 불과했다. 1976년에는 서독에서 이미 일곱 중 네 집에 자가용이 있었다. 1980년대 들어 자동차 소유 가구의 비율은 90퍼센트를 넘었다.

또 다른 예는 전화다. 1960년대 초반에는 전 세대의 14퍼센트만 전화가 있었다. 예전에 전화를 걸려면 공중전화 부스나 이웃집에 가야 했다. 지금은 기본적으로 모든 독일 국민이 유선전화와 이동전화를 완비하고 있다. 이제는 오히려 전화가 한 대도 없는 것이 비정상이다. 두 대나 세 대는 보통이다.

수십 년 전에는 아예 없거나 몇몇 부잣집에나 있었던 가전제품들은 말할 것도 없다. 1970년대만 해도 스테레오 기기는 사치품이었고, 텔레비전도 결코 당연한 물건이 아니었다. 오늘날에는 대부분의 가정이 평면 텔레비전, DVD나 블루레이 플레이어, PC, MP3 플레이어를 현관문 손잡이만큼이나 당연히 구비하고 있다.

카를과 테오 알브레히트 또는 주자네 클라텐 같은 억만장자만 갈수록 형편이 좋아지는 것은 아니라는 사실은 다른 통계에서도 드러난다.

	1960	2008
냉장고	4,710	1,432
세탁기	13,470	2,008
우유 1리터	11	4
잡곡빵 1킬로그램	20	11
커피 500그램	213	20
미용실에서 머리 샴푸와 드라이	88	72
대구 1킬로그램	56	68

1960년과 2008년 평균 노동자가 아래 상품을 구입하려고 노동해야 했던 시간 (단위: 분)

계산: 독일경제연구소, 연방통계청, 고용시장직업연구소 데이터 기준

부의 지속적 성장 뒤에 자리한 비밀에는 이름이 있다. 바로 '생산성'이다. 이 개념은 특정 제품을 제조하기 위해, 또는 머리 커트나 전화 통화 연결 같은 특정 서비스를 제공하기 위해 비용을 얼마만큼 투입해야 하는가를 나타낸다. 무엇보다도 사람들이 일을 나눠 하면서부터 생산성은 급증했다. 다시 말해서 동일한 노동시간에 예전보다 훨씬 큰 가치를 창출한다.

일을 서로 나눠 하면 더 많이 더 빨리 생산할 수 있다는 사실은 이미 중세 때부터 알려졌다. 18, 19세기부터 유럽에서는 이런 분업이

유발한 생산성이 폭발했다. 처음에는 이른바 매뉴팩처[manufacture, 산업자본가가 임금노동자들을 고용하여 생산수단을 제공하고 노동자들의 수공 기술로 생산하였던 공장제 수공업]들에서, 후에는 공장들에서 사람들은 새로 발명된 기계들 앞에 배치되었다. 각자가 특정한 작업 단계만 처리했다. 이런 식으로 예를 들어 100명이 과거 1,000명이나 2,000명의 직공이 생산했던 양보다 많은 천과 직물을 생산할 수 있었다. 작업 공정이 거의 완전히 자동화되었을 때 생산성은 또 한 번 엄청나게 향상했다. 오늘날 많은 기계들은 기계를 다룰 사람조차 필요하지 않다.

1960년에도 세탁기는 이미 공장 컨베이어 벨트에서 조립되었지만 곳곳에서 노동자들이 손으로 양철판을 가공하고 나사를 조여야 했다. 그래서 세탁기를 사려면 평균 노동자가 224시간 30분치 임금을 써야 했다. 지금은 33시간 28분에 불과하다. 똑같은 제품을 사기 위해 6.5주 노동하는 대신에 4.5일만 일하면 충분한 것이다.

그러나 기계화로 생산성이 조금밖에 또는 아예 향상되지 않은 분야들도 있다. 의사의 진료 상담은 언제나 일정한 시간이 소요될 것이다. 그 일은 로봇이 대신할 수 없다. 머리를 특정한 형태로 스타일링하는 것도 시간이 필요하다. 그래서 자기 노동력으로 단정한 머리 모양을 구입하려면 반세기 전이나 지금이나 거의 같은 시간을 일해야 한다는 점이 설명이 된다.

파괴적인 부富

  노동시간을 기준으로 정리한 가격 발달표는 생산성이 반대로 갈 수도 있다는 사실도 보여 준다. 수십 년 동안 전 세계 어선들은 어획 기술을 완벽하게 만들었다. 음향측심기뿐만 아니라 위성으로도 물고기 떼를 찾아낸다. 떠다니는 공장이나 다름없는 선박들은 물고기들에게 달아날 기회를 주지 않는다. 이는 엄청난 결과를 가져왔다. 예를 들어 예전에는 가장 널리 분포된 어종에 들었던 대구가 1990년대 초반에는 거의 절멸되다시피 했다. 그 수는 지금까지도 회복되지 못했다. 이런 사실은 여전히 인기 있는 이 생선의 가격에도 반영된다. 요즘 대구 1킬로그램을 사고 싶으면 50년 전보다 더 오래 일해야 한다. 어업 생산성이 향상되어 어업 생산 기반을 대폭 파괴하는 지경에 이르렀기 때문이다.

  대구는 무분별한 생산성 증대의 결과를 보여 주는 예일 뿐만 아니라 '공급과 수요가 가격을 결정한다'는 오래된 경험적 법칙의 일례이기도 하다. 생선은 줄었는데 생선을 먹고 싶어 하는 사람은 갈수록 많아지면 값이 오른다. 가게에 생선을 공급하는 사람들이 가격 인상을 관철할 수 있기 때문이다. 이것이 이 법칙의 두 번째 부분이다.

  경험적 법칙들은 대개 일부만 맞으며, 수급과 가격 법칙도 마찬가지다. 하지만 어느 정도 들어맞는 곳에서 그런 법칙들은 주목할 만한 결과를 가질 수 있다. 이런 사실은 억만장자가 되는 방법에 대한 또 다른 모델에서 드러난다. 그 모델은 바로 '독점 기업가'이다.

문어발을 휘두르는 거대 공룡, 재벌

남한과 북한은 사회경제 시스템이 너무나 다르지만 공통점도 있다. 바로 세습이란 측면에서 그렇다. 북한이 '권력 세습'을 하는 곳이라면 남한은 '경영 세습'을 하는 곳이다. 북한에서 정치권력의 민주화가 시급하다면 남한에서는 경영권력의 민주화가 시급하다.

130년 역사를 가진 독일 크반트 가문도 부의 대물림이 이루어진다는 점에서 크게 보면 우리나라 재벌과 비슷하지만 몇 가지는 전혀 다르다. 첫째, 크반트 가문은 우리나라 재벌처럼 '황제경영'을 하지 않는다. 비록 주식은 상당히 많이 보유하지만 경영 전면이나 최고 자리에서 황제처럼 무한 권력을 휘두르지 않을 뿐더러 정치와 경제, 사회와 문화를 동시에 주름잡는 존재도 아닌 것이다. 둘째, '문어발 경영'을 하지 않는다. 물론 크반트 가문도 직물업으로 시작해서 비료, 화학, 전지 사업까지 진출했다. 하지만 나라 전체의 정치 경제를 좌지우지하는 한국의 재벌에 비하면 크반트 가문의 확장은 소박한 수준의 사업 다각화에 불과하다. 한국 재벌과는 달리 문어발식 확장으로 닥치는 대로 집어삼키지도 않고, '상호출자'(계열사끼리 주식을 주고받는 것)나 '내부거래'(계열사끼리 상품이나 서비스를 사고 파는 것)를 통해 그룹 전체를 제멋대로 쥐락펴락하지도 않는다. 셋째, 그반트 가문은 '세습 경영' 측면에서도 디르다. 비록 자녀들이 선친의 부를 이어받아 부자로 살면서 여러 기업에 투자는 하지만, 우리 재벌이 황제 자리를 대물림하듯이 대대로 지위나 권력을 휘두르는 것과는 사뭇 다르다. 특히 과거 삼성의 '에버랜드' 사례처럼 편법과 불법으로 주식과 재산을 상속하는 일은 독일에서는 거의 일어나기 어렵다.

'독점 기업가' 모델
또는 모든 것이 시장 권력에 달려 있다

독일에서 **가장 부유한 남자들**(카를과 테오 알브레히트)은 상업으로 억만장자가 되었다. 독일에서 **가장 부유한 여자**(주자네 클라텐)는 공장에서 매일 생산되는 제품 덕에 돈을 번다. 반면에 오랫동안 **세계** 최고 갑부인 빌 게이츠는 다른 사업 모델로 돈을 모았다. 빌 게이츠의 직업은 독점 기업가다. 적어도 자기가 설립한 기업을 경영했던 동안에는 그랬다. 이제 그는 마이크로소프트 사를 바깥에서 지켜보는 쪽이다. 하지만 빌 게이츠의 재산은 무엇보다도 마이크로소프트가 상당 부분 그의 소유이기 때문에 389억 유로(숫자로는 38,900,000,000유로)50조 5,700억원로 추정된다. 빌 게이츠가 1995년부터 2010년까지 16년 동안 미국 「포브스」지 선정 세계 부호 명단에서 열세 번이나 1위에 오른 것도 이 재산 덕분이었다. 다른 갑부가 1위 자리를 차지한 것은 단 세 번뿐이었다.[빌 게이츠는 2014년과 2015년 빌 게이츠의 이야기는 아마 향후 100년 또는 200년 후에도 한 개인이 경제계에서 얼마나 대단한 역할을 할 수 있는지에 관한 이야깃거리가 될 것이다. 게이츠는 컴퓨터에 미친 소년으로 시작했다. 컴퓨터를 접하기가 아직 어려웠던 시대에 말이다. 일반 가정에는 컴퓨터가 없었고 큰 회사에서도 '컴퓨터 이용 시간'을 얻는 것은 쉽지 않았다.

그러니까 게이츠가 컴퓨터 프로그램을 만들기 시작했을 때만 해도 그는 아직 작은 공모자 집단에 속했다. 게이츠에게는 운도 조금 따랐다. 그가 다른 사람들과 개발한 프로그램인 MS-DOS를 당시 최대 컴퓨터 업체 IBM에서 표준 소프트웨어로 삼았기 때문이다. 그럼으로써 IBM 컴퓨터들이 이 소프트웨어로 운영되는 길이 열렸을 뿐만 아니라 다른 컴퓨터들도 IBM 컴퓨터와 소통하기 위해 MS-DOS를 사용해야 했다. 후속 프로그램인 윈도Windows는 이런 우위를 기반으로 삼았다. 추정에 따르면 현재 전 세계 컴퓨터의 95퍼센트가 윈도로 운영된다.

혼자라서 부자가 된다

공급자가 딱 하나밖에 없는 것, 즉 특정 제품이 100퍼센트 다 한 판매자한테서 나올 때 '독점'이라고 한다. 그러나 '마이크로소프트

빌 게이츠 38,900,000,000€

사례'에서도 모든 관계자들은 한 가지 점에서 의견이 일치했다. 빌 게이츠의 회사가 시장 점유율이 5퍼센트 정도 부족한데도 장기간 시상에서 유일한 업체 행세를 할 수 있었나는 사실 말이나. 애플 같은 경쟁사들은 꾸준히 충성스런 팬 집단을 형성했지만, 마이크로소프트의 우위를 결코 위태롭게 하지 못했다. 덕분에 이 윈도 제조업체는 (너무 도가 지나치지 않는 한) 높은 가격을 요구할 수 있었고, 그럼에도 윈도나 워드, 파워포인트 같은 프로그램들이 수백만 개씩 팔리는 이점을 누렸다.

마이크로소프트가 얼마나 잘 버는지는 경제 전문가들이 회사를 평가할 때 특히 관심을 갖는 숫자가 말해 준다. 그 숫자는 바로 매출수익률이다. 매출수익률은 한 기업의 이익이 매출액에 비해 얼마나 되는지를 알려 준다. 상업에서는 매출수익률이 대개 1~2퍼센트다. 알디 매장들이 달성하는 것으로 추정되는 3~4퍼센트(1장 참조)는 진짜 최고치다. 자동차 제조업 같은 전형적인 생산업 분야에서는 한창 잘나갈 때 5~6퍼센트, 때로는 8퍼센트의 매출수익률을 낸다. 마이크로소프트는 전성기에 30퍼센트를 훌쩍 넘겼다.

이 윈도 기업에게 또 좋았던 점은 프로그램이 출시될 때 여러 오류를 안고 있었는데도 고객들이 이를 감수했다는 사실이다. 고객들에게는 다른 선택의 여지가 거의 없었던 것이다. 그래서 마이크로소프트는 몇 년, 몇십 년 동안 계속 성장할 수 있었고 창업주 빌 게이츠는 세계 최고 갑부가 될 수 있었다.

자기 자신과의 경쟁

마이크로소프트는 불만을 사기도 했다. 선진 산업국들이 세운 경제 규칙에 따르면 어떤 사람이 어느 정도 비용과 시간을 들여 발명에 성공했을 때에만 독점이 확실히 성립된다. 이런 발명이 특허로 등록되면 일정 기간(대개 20년) 보호받는다. 말하자면, 어느 누구도 똑같은 제품을 공급해서는 안 된다. 이 제품의 제조업자는 법적으로 보장된 독점권을 갖는다. 이는 다른 한편으로 특허권자가 적당하다고 생각하는 수준으로 가격을 책정할 수 있다는 뜻이다. 동일한 제품을 더 낮은 값에 판매할 경쟁자는 있을 수 없다. 특허권 위반이기 때문이다. 독점 상품이 아무도 사려 들지 않을 정도로 터무니없이 비싸지만 않다면 독점 기업가는 상당한 이익, 이른바 독점이윤을 거둬들일 수 있다.

"사탕 몇 개에 50만 유로? 말도 안 돼!"
vs "알약 몇 개에 50만 유로? 뭐 당연하지!"

상품에 대한 특허 보유는 회사나 발명가에게 매우 유쾌한 일이다. 특허가 있으면 어느 누구도 동일한 제품을 생산해 더 싸게 팔 수 없다. 그러나 특허권자는 일반적으로 지나치게 높은 가격을 밀어붙일 수는 없다. 입안에서 한 시간이 지나도 녹지 않는 사탕을 발명한다고 하면 그 대가로 5만 유로는커녕 5,000유로도 요구하지 않는 편이 낫다. 요구했다가는 그 발명품이 디힐 니위 없이 기발하다 하더라도 아무도 살 생각을 하지 않을 테니까. 특수 분야의 제품은 상황이 달라 보인다. 특허로 보호받는 약품의 경우—적어도 독일에서는—의료보험사들은 지금까지 제조업체가 요구하는 금액을 순순히 지불하고 있다. 어떤 약제가 어느 정도 중요하다고 여겨지면 제약회사들은 가격을 마음대로 높게 책정할 수 있다. 그렇다고 수십억 유로를 요구하지는 않는다. 젖을 짜고 싶은 젖소(의료보험사)를 목 졸라 죽일 생각은 없기 때문이다. 그러나 수백만, 적어도 50만 유로6억 5천만원에 이르는 가격은 가능하다. 실제로 환자 한 명 치료에 연간 약 50만 유로가 드는 희귀병 치료제가 있다. 제약업계의 매출수익률, 즉 전체 매출에서 수익이 차지하는 비율이 다른 업계에서 거의 찾아보기 힘들 정도로 높다는 사실은 놀랄 일이 아니다. 제약업계의 매출수익률은 보통 20~25퍼센트에 이른다.

마이크로소프트는 자사 프로그램에 대한 특허만 열심히 이용한 것이 아니다. 많은 비판론자들이 확신하기를, 이 회사는 수년 동안 온갖 수단을 다 써서 다른 소프트웨어 개발 업체 제품들이 자리를 잡지 못하게 방해하기도 했다. 특히 유럽연합 집행위원회가 마이크로소프트를 비난한 점은 '시장 권력 악용'이었다. 시장경제에서는 권력이 아주 중요하다는 사실이 여기서 다시 드러난다. 애덤 스미스의 이론에 따라 본능적으로 확실하게 상인과 구매자, 노동자와 공장주, 발명가와 소비자 모두가 마땅한 인정을 받게 만드는 '보이지 않는 손'(1장 참조)은 난폭하고 폭력적이기만 한 것은 아니다. 이 손은 때로는 마비될 정도로 약하기도 하다.

'보이지 않는 손' 개념은 이른바 '시장 참가자'들이 모두 항상 자유롭게 경쟁하는 것을 전제로 하기 때문이다. 그러면 최고 상품을 가장 저렴하게 생산하는 공급자가 살아남을 것이다. 이론은 그렇다.

현실은 이렇다. 경제활동을 하는 자는 사실은 경쟁을 결코 원하지 않는다. 상품을 생산하거나 서비스를 제공하는 자는 누구나 유일한 공급자가 되기를 바란다. 그러면 성가신 경쟁자들과 싸울 필요가 없을 테니까. 그러므로 독점 기업가는 뭔가를 판매하는 모든 사람들의 아주 자연스러운 목표이다. 독점이 이루어지지 않을 경우 사람들은 카르텔을 형성해서 자기가 공급하는 제품에 요구할 가격을 담합하고 싶어 한다. 다시 말해서 어떤 상품(또는 서비스)의 유일한 공급자가 되는 것이 불가능할 경우, 경쟁자들이 자꾸 더 낮은 가격을 제시하는 것을 아무도 원하지 않는다. 그런 까닭에 가격 담합은 경제활동만큼 오랜 역사를 자랑한다.

가격 담합과 자유로운 시장 개념은 서로 어울리지 않는다. 때문에 유럽연합이나 여타 국가들의 당국은 카르텔이나 독점기업에 의한 '시장 권력 악용'을 퇴치하기 위해 계속 노력하고 있다. 이런 악용이 공정가격을 위태롭게 한다고 여기기 때문이다. 정말로 공정한 가격이 무엇인지(그런 가격이 애초에 존재할 수 있는지)에 대해서는 의견이 매우 분분하다. 그러나 한 가지는 확실하다. 어떤 상품들의 가격이 몇몇 사람을 엄청난 부자로 만들었다는 사실 말이다. 일례로 식유가 있다. 이 문세는 나음 장에서 사세히 나무겠나.

'산유국 족장' 모델
또는 운이 따라야 하고 거리낌이 없어야 한다

돈을 모으는 데는 기본 규칙이 있다. 대개 무엇인가를 팔아서 부자가 된다는 것이다. 어떤 사람들은 물건을 싸게 구입해 약간 비싸게 되판다(알디 설립자 카를과 테오 알브레히트처럼). 어떤 사람들은 직원들에게 물건을 만들게 해 적당한 이윤을 붙여 판매한다(공장 주인 크반트 일가나 소프트웨어 갑부 빌 게이츠처럼). 제일 팔자가 편한 갑부 유형은 따로 있다. 다름 아닌 자원을 보유한 자들이다. 그들은 자기가 소유한 땅을 약간 깊이 파기만 하면 된다. 그러면 남들이 두둑한 값을 치르고 사려 하는 뭔가가 땅에서 나온다.

지난 수십 년간 석유는 특히 간단히 부자가 되게 하는 물질이었다. 운이 좋아서 지하에 기름이 잔뜩 묻힌 땅을 많이 가지고만 있으면 단기간에 억만장자가 될 수 있었다. 이런 면에서 특히 운이 좋은 사람은 셰이크 할리파 빈 자이드 알 나하얀이다. 그는 부유한 산유국 족장들 중에서도 최고 부자라고 한다. 재산은 179억 유로23조 2,700억원로 추정된다(숫자로 하면 17,900,000,000유로). 셰이크 할리파 빈 자이드 알 나하얀은 아랍 소국인 아부다비의 토후emir, 일종의 왕이다. 그의 나라는 다른 여섯 나라와 연합해 아랍에미리트, 약칭 UAE라는 보다 큰 나라를 형성한다. 아랍에미리트는 할리파 빈 자이드 알 나하얀이 국가원수로 통치하고 있다.

그는 선거로 결정되는 독일 연방총리나 미국 대통령처럼 국민이 선택한 지도자가 결코 아니다. 할리파 빈 자이드 알 나하얀은 옛날 유럽 동화에 나오는 왕들과 아주 비슷한 방식의 지배자이다. 그가 지배하는 나라의 어마어마하게 많은 것이 그와 그 가족의 소유일 뿐만 아니라, 그는 지배자로서 원하는 것을 상당히 마음대로 할 수도 있다.

자유선거가 없고, 노동자들이 단합하여 권리를 요구하기 힘든 사회인데도 지금까지는 대대적 항의가 촉발되지 않았다. 이는 아랍에미리트를 통치하는 족장들만 상상을 초월할 정도로 부자인 것이 아니라 그 나라 전체가 부유하다는 사실과도 연관이 있을 것이다. 2014년 1인당 국내총생산 순위에서 아랍에미리트는 20위를 차지했고, 가까운 이웃인 토후국 카타르는 3위에 올랐다.〔대한민국은 2013년에는 33위, 2014년에는 29위에 올랐다.〕

2014년 가장 잘사는 나라와 가장 못사는 나라

총 185개국 중 순위	나라	1인당 국내총생산(단위: US달러)
1	룩셈부르크	116,752
2	노르웨이	99,295
3	카타르	94,744
4	스위스	84,344
5	오스트레일리아	62,822
6	덴마크	61,885
7	스웨덴	57,557
8	싱가포르	56,113
9	미국	54,678
10	네덜란드	52,249
11	오스트리아	51,183
12	아일랜드	51,159
13	캐나다	50,577
14	핀란드	50,451
15	아이슬란드	50,006
16	독일	47,201
17	벨기에	47,164
18	프랑스	45,384
19	쿠웨이트	44,850

20	아랍에미리트	44,771
⋮		
26	일본	37,540
29	대한민국	28,739
40	타이완	21,572
80	중국	7,572
⋮		
166	부르키나파소	768
167	르완다	721
168	네팔	699
169	아프가니스탄	694
170	말리	693
171	토고	691
172	우간다	686
173	모잠비크	626
174	기니비사우	599
175	기니	594
176	에리트레아	592
177	에티오피아	548
178	라이베리아	495
179	니제르	484
180	감비아	476
181	마다가스카르	475

182	콩고민주공화국	412
183	중앙아프리카공화국	368
184	부룬디	330
185	말라위	250

아랍에미리트 주민들은 국가의 부를 어느 정도 공유한다. 물론 평범한 교사나 판사는 나라를 다스리는 토후만큼 부자는 아니다. 또―예를 들어 건설 현장에는―형편없이 싼 임금을 받고 일하는 사람들이 수천 명 있기도 하다. 그러나 이 사막 국가는 원유로 쌓은 부를 국민에게 제법 나눠 준다. 2008년 초에는 모든 회사원의 급여가 70퍼센트 인상되었다. 특히 비용이 많이 드는 수술을 받아야 하는 국민이 있으면 하급 공무원일지라도 국가가 통 크게 함부르크나 뮌헨에 있는 전문 병원으로 보내 치료받게 한다. 아프리카나 아시아 어떤 곳에 사는 평범한 주민들은 그런 의료 제도를 꿈도 꿀 수 없다.

국가 간 경제 수준을 비교해 주는 1인당 국내총생산

한 나라의 부(또는 빈곤)는 일반적으로 국내총생산, 약자로 GDP라는 지표로 측정된다. GDP는 한 나라에서 1년 동안 생산된 상품의 가격을 전부 더한 금액이다. 여기에 그 나라에서 제공되고 지불되는 서비스―미용실에서 머리 자른 비용부터 은행의 주식 판매에 이르기까지—가 추가된다. 미국처럼 큰 나라들은 당연히 수치가 아주 크게 나온다. 그런 까닭에 여러 나라를 비교할 수 있도록 GDP를 인구수로 나눈다. '1인당 GDP'는 나라 크기와 상관없이 어떤 나라가 부유한지 알려 준다. 예를 들어 굉장히 작은 나라인 룩셈부르크는 거액을 버는 은행이 많아서 이득을 본다. (이 은행들이 오랜 세월에 걸쳐 다른 나라 사기꾼들에게 아주 손쉽게 조세 회피를 할 수 있게 해 줬다는 사실은 별개 문제이다.) 스위스도 상황이 비슷하다. 반면에 카타르나 아랍에미리트 같은 국가들은 예전에 매우 가난했지만 석유 덕분에 부유해졌다.

강자의 권리

셰이크 할리파 빈 자이드 알 나하얀 가문이 재산을 일군 방식은 유럽과 다른 지역의 많은 귀족들이 재산을 일군 방식과 아주 유사하다. 몇 세기 전, 법률이 지금처럼 잘 통용되지 않았던 시절에는 무엇보다도 '누가 가장 강한가? 누가 가장 좋은 무기를 가지고 있는가?'라는 문제가 결정적이었다. 그 시절에는 전 세계에서 몇몇 가문이 무력을 써서 수완 좋게 토지나 숲, 또는 온 마을을 자기 소유로 만들었다. 고귀하고 우아한 귀족 가문들의 계보를 뿌리까지 거슬러 올라가면 늘 똑같은 종류의 조상과 맞부딪히게 될 것이다. 원하는 것은

무엇이든 다 차지한 야만인 말이다.

많은 유럽 귀족 가문들이 바로 조상들이 힘으로 긁어모은 재산으로 여전히 호의호식하고 있다. 하지만 유럽 귀속들의 재산은 아랍 족장들의 재력과 비교하면 아무것도 아니다. 현재 아부다비, 카타르, 사우디아라비아 석유 갑부들의 조상들은 언젠가 후손들이 이토록 어마어마한 부자가 되리라고는 꿈도 꾸지 않았을 것이다. 족장들의 광대한 재산은 오랫동안 사막이었기 때문이다. 언뜻 봐서는 지금도 여전히 그렇다.

이런 사막 밑에 땅 주인을 부자로 만들어 줄 석유가 묻혀 있다는 사실은 기술자들이 석유의 쓸모를 발견했을 때 비로소 분명해졌다. 석유는 자동차·배·비행기 연료, 플라스틱이나 고무의 원료, 의약품 원료로 쓰인다. 난방 연료로 태우는 것이 가장 환상적이지 못한 쓰임이다.

수요가 늘면서 원유 가격도 올랐다. 석유를 가진 자들은 부자가 되었고 갈수록 더 부유해졌다. 그들은 더욱 더 빨리 부유해지기 위해 그들이 팔려는 상품을 가능하면 아무도 너무 헐값에 공급하지 못하도록 결탁했다. 1960년 아랍 국가들이 주축이 되어 석유수출국기구Organization of the Petroleum Exporting Countries(약자 OPEC, 오펙)를 설립했다. 이 카르텔(3장 참조) 앞에서는 미국이나 독일 같은 국가의 카르텔 단속 기관들도 무력했다. 특정 국가의 법에 지배받는 회사들이 카르텔을 형성할 때만 경쟁 관할 기관들이 조처를 취할 수 있기 때문이다. 아예 나라들끼리 힘을 합쳐 카르텔을 결성하면 다른 나라들은 거의 손을 쓸 수 없다.

그러나 OPEC의 카르텔은 원유 시장에서 이를테면 빌 게이츠가 설립한 마이크로소프트 사가 때때로 소프트웨어 시장에서 그랬던 만큼 막강했던 적이 결코 없다. 석유는 전부터 OPEC 회원국이 아닌 다른 나라들에서도 생산되었기 때문이다. 러시아는 방대한 원유를 보유하고 있고, 미국도 마찬가지다. 영국과 노르웨이도 북해에서 석유를 대량으로 발견했다. 하지만 독일이나 프랑스, 이탈리아처럼 석유가 전혀 나지 않는 나라들은 OPEC이 원유 채굴량 감축을 예고할 때마다 늘 걱정스럽게 지켜보아야 했다.

가격 경쟁

유가 추이를 보면 카르텔 내의 담합보다 훨씬 더 강력한 힘들이 있다는 것도 알 수 있다. OPEC의 석유 카르텔은 때때로 유가 인상에 성공하기는 했다. OPEC이 원유 채굴량을 줄이겠다고 결정하면 가격이 지레 엄청 뛰었던 것이다.

그러나 2004~2008년에 목격할 수 있었던 역사상 가장 급격한 가격 상승의 배경은 전혀 달랐다.

지난 수년간 국제 원유 시장에서 아주 주목할 만한 현상이 일반화되었다. 이제는 대부분의 경우에 석유를 사는 목적이 자동차나 비행기 연료로 쓰거나 플라스틱 용기를 만들기 위해서가 아니다. 오늘

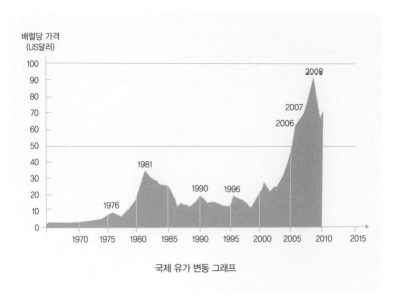

배럴당 가격
(US달러)

국제 유가 변동 그래프

날 석유를 사는 자는 대개 나중에 되팔 목적으로 산다. 정확히 말하자면 **더 비싼 값에** 팔려고 한다. 그렇게 해서 돈을, 떼돈을 벌 수 있기 때문이다.

2007년 압둘라 알 바드리 OPEC 사무총장은 매일 유조선과 통으로 운반되거나 수송관에 흐르는 양보다 약 45배나 많은 석유가 구매되고 되팔린다고 말했다. 석유 30억 배럴(배럴은 석유량을 계산하는 단위다. '통'이란 뜻이고 1배럴이 159리터에 해당한다.)이 매일 서류나 컴퓨터상에서 주인을 바꾼다고 알 바드리는 밝혔다. 그중 겨우 6,700만 배럴만 실제로 세계 곳곳에 선박으로 운송되고 흘러간다.

아랍 족장들의 부는 행운과 밀접한 관계가 있다. 알맞은 땅에서 태어나는 행운 말이다. 하지만 수완과도 약간 관계가 있다. 가격에 영향을 끼치는 수완 말이다. 가격 동향이라는 것이 결국에는 아주 비상식적으로 보인다 할지라도. 투기가 끼어들면 가격 동향은 더욱 비상식적이 된다(이 문제는 7장에서 자세히 다루겠다). 다른 가격들의 경우에도 어느 정도 비상식이 퍼져 있다. 많은 사람들의 노동에 치러지는 가격 말이다.

1인당 GDP 29,000달러, 우리는 행복한가?

약 50년 전인 1960년대 초에 대한민국의 1인당 국민소득은 약 80달러였다. 50년이 지난 2014년에는 29,000달러가 되었다. 수치만 놓고 보면 약 50년 만에 무려 300배나 부자가 된 셈이다. 그러나 과연 우리는 진짜 부자가 되었고 그만큼 행복해진 것일까? (여기서 잠깐 GDP와 GNP의 차이를 살펴보자. GDP, 즉 국내총생산은 국적에 관계없이 우리나라에서 생산된 부가가치의 총합을 말하고, GNP, 즉 국민총생산은 국내나 해외에서 대한민국 국민이나 기업이 생산한 부가가치의 총합을 말한다. 자본의 세계화가 진전되기 이전에는 GNP를 많이 썼지만, 세계화가 진전된 1990년대 이후에는 GDP를 많이 쓴다.)

여기서 우리는 세 가지 점에 주의할 필요가 있다. 첫째, 1인당 국민소득이 80달러에서 29,000달러로 증가했다고는 해도 이러한 수치는 모두 평균을 의미할 뿐 실제로 각 개인이 모두 그렇게 되었다는 말은 아니다. 다시 말해, 부유층과 빈곤층, 그리고 중간층을 모두 평균한 수치일 뿐, 실제로는 돈이 너무 많아서 해외에 숨겨 놓은 사람이 있는가 하면, 먹고사는 문제는 그럭저럭 해결한 사람도 있고,

매일매일 빚에 쪼들리며 힘겹게 사는 사람도 많다. 그래서 '20대 80 사회'(20퍼센트의 소수는 안정적으로 살지만, 80퍼센트의 다수는 불안정한 삶을 유지하는 사회)라는 말이 나오고, '빈익빈 부익부'(가난한 자는 더 가난해지고 부자는 더 부자가 되는 현상) 또는 '사회 양극화'(중간층이 얇아지고 상하 간 격차가 커지는 현상) 문제가 심각하다는 말이 나오는 것이다.

둘째, 50년 전에 비해 우리나라가 평균적으로 300배 부자가 되었다고 해서 과연 우리가 300배 아니, 30배라도 행복하게 되었다고 할 수 있는가 하는 문제이다. 우리 현실을 좀 차분하게 들여다보면, 50년 전에 비해 확실히 물질적으로 풍요로운 사회가 되긴 했지만, 우리가 일상적인 삶에서 마주하는 것은 오히려 행복보다 스트레스가 더 증가한 사회이다. 이것이 솔직한 우리의 현실이다. 실제로 OECD 회원국 가운데 자살률 최고, 청소년 행복도 꼴찌라는 지표가 이런 점을 증명한다.

셋째, GDP나 GNP라는 수치 자체가 지닌 문제도 있다. 그것은 이런 수치들이 포함해야 할 것은 포함하지 않고, 포함되어선 안 되는 것들을 포함한 경우도 많기 때문이다. 일례로, 한국 상품을 많이 수출하면 GDP나 GNP가 올라가지만 그로 인해 발생한 수질오염이나 대기오염은 비용으로 처리되지 않는다. 또 여성의 가사 노동이나 육아 노동은 우리 삶에 필수불가결한 노동이지만 GDP나 GNP에 포함되지도 않는다. 반면, 공장에서 일하다 다쳐서 치료받는 사람이 많아지면 병원에서 GDP나 GNP를 올린 것으로 잡힌다.

이런 여러 가지 점들을 감안하면, GDP나 GNP 수치가 올라간다고 해서 반드시 우리가 진정 잘살게 되었다고 말할 수 있는 것은 아니다. 그래서 그런 수치 못지않게 실제로 사람들이 느끼는 행복노나 '국민 삶의 질 지표' 같은 것들이 중요하게 된다. 여기서 '국민 삶의 질 지표'란 GDP나 GNP가 삶의 질과 직결되지 않는다는 점을 보완하기 위해 고안된 것으로 우리나라에서도 2014년 6월에 처음 발표되었다. 소득·소비·자산, 고용·임금, 사회복지, 주거, 건강, 교육, 문화·여가, 가족·공동체, 시민참여, 안전, 환경, 주관적 웰빙 등의 81가지로 이루어져 있다.

' CEO ' 모델
또는 시급 15,655유로를 받아도 좋은가?

벤델린 비데킹이 이미 억만장자인지는 아무도 정확히 모른다. 비데킹 자신 외에는 십중팔구 모를 것이다. 그는 자신을 부자로 만들어 준 회사에서 만드는 자동차들과 비슷하게 멋들어진 속도로 엄청난 돈을 손에 넣었다. 오랫동안 포르셰 주식회사 사장으로 있었던 비데킹은 2008년에 약 8,000만 유로(숫자로 나타내면 80,000,000유로)1,040억원를 벌었다고 추정된다. 하루도 쉬지 않고 매일 14시간을 일했다 하더라도 시급이 15,655유로2,035만원나 되는 셈이다.

2008년이 예외적 경우는 아니었다. 2007년에 이 경영자는 약 6,000만 유로를 벌었다고 하고, 그 전에도 해마다 어쨌든 1,500만 유로 정도는 벌었다고 한다. 비데킹은 2009년 포르셰를 떠나면서 퇴직금으로 5,000만 유로를 받았다. 비데킹은 수천만 유로에 이르는 이런 거액을 기업주나 투기자로서 번 것이 아니다. 벤델린 비데킹은 오히려 수천 명의 엔지니어나 공장 노동자와 마찬가지로 포르셰 사원으로 돈을 받았다. 그러나 비데킹은 늘 특별한 사원이었다.

'경영자들'과 그들이 받는 수백만 유로에 이르는 급여에 대해 말하거나 쓸 때는 대개 아주 특정한 종류의 사원을 의미하는 것이다. 독일의 대기업(특히 주식회사) 수뇌부에는 여러 남자들로 구성된 이사회가 있다. 여기서는 일부러 남자들만 언급했는데, 대기업 이사회에서 여성은 100명당 평균 두세 명에 불과하기 때문이다. 이사회의 수뇌는 대표이사다. 여기서도 양심에 거리낌 없이 여성은 언급하지 않고 넘어갈 수 있다. 대표이사직은 힘 있는 남자들이 거의 자기들끼리 나눠 갖기 때문이다. 다른 나라는 조직이 약간 다르다. 예컨대 미국에서 'Chief Executive Officer'[최고경영자] 또는 'CEO'라고 할 경우 똑같은 것을 의미한다. 모든 보스들의 보스. CEO들도 거의 100퍼센트 남자다.

전 세계 그룹 총수들은 한 가지 공통점이 있다. 같은 회사의 평범한 종업원보다 50배, 100배, 1,000배는 많이 번다는 것이다. 그런데 이사 한 사람이 실제로 연봉을 얼마나 받는지 알아내기란 그리 간단하지 않기 십상이다. 특정 기업의 비서나 기술자가 얼마나 버는지 궁금하면 사용자 단체와 노동조합들이 합의해 단체 협약서에 확정한 급여표를 보기만 하면 된다(11장 참조). 반면에 이사들의 수입은 우선 그들이 저마다 협상해 내는 고정 기본급으로 구성된다. 여기에 이른바 스톡옵션과 상여금이 추가되기 일쑤다. 스톡옵션과 상여금은 흔히 기본급보다 많은데, 기본급 자체도 대개는 고액이다.

노동의 가치

'경영자들의 수백만 유로에 이르는 급여가 하나하나 어떻게 가능한가?'라는 질문은 '대체 왜 많은 경영자들이 수백만 유로를 버는가?'라는 질문만큼 흥미롭지는 않다.

흔히 듣는 설명은 업무가 매우 힘들다는 것이다. 하루에 13, 14시간, 심지어 16시간도 일하고, 일주일에 꼬박 7일을 일한단다. 대표이사가 다른 사원보다 두 배, 세 배는 많이 일할지 모른다. 하지만 그렇다고 경영자가 다른 사원보다 100배 또는 1,000배는 많이 버는 사실이 정당화될 수 있을까? 글쎄.

대표이사는 책임이 크다는 것도 거액 연봉의 근거로 자주 제시된다. 기업 총수는 수백만, 수십억 유로가 걸린 결정을 내려야 한다. 하지만 여기서 이런 질문이 제기된다. 왜 대기업 대표이사들은 정부 수반들보다 엄청나게 많은 돈을 버는가? 독일 연방총리는 1년에 약 25만 유로3억 2,500만원를 받는다. 페터 뢰셔는 2008년에 '지멘스 대표이사'라는 일자리로 '독일 연방총리'라는 일자리를 가진 앙겔라 메르켈보다 30배 정도 많은 700만 유로91억원를 벌었다. 지멘스 대표가 총리보다 30배나 더 큰 책임을 지는가?

책임을 내세우는 것이 이상한 이유는 또 있다. 이사들이 수백만, 수십억을 날리는 일이 자꾸만 벌어진다. 경영자들이 얼마나 책임 있게 돈을 다루는가가 문제가 될 경우, 많은 경영자들이 사실은 단 한 푼도 받아서는 안 된다는 사실을 알려 준 것이 2007년 발생한 금융 위기가 처음은 아니었다. 그러나 일은 대개 다르게 돌아간다. 사장들이 돈을 날리면 이따금 자리에서 물러나야 할 때도 있지만, 그럴 때에도 내부분 몇십만, 심지어 몇백만 유로를 퇴직금으로 챙긴다.

천문학적인 손해를 유발했다고? 그 대가는 어마어마한 상여금!

미국 보험회사 AIG는 2007년부터 맹위를 떨친 금융 위기(7장 참조) 때 역사를 새로 썼다. AIG가 파산하지 않으려고 국가로부터 지원받은 1,700억 달러170조원는 전례 없는 액수였다. 그러나 AIG가 임원들에게 일을 '잘'했다고 수백만 달러에 달하는 상여금을 계속 지급한 것도 전례 없는 일이었다. 사장들이 자기가 그런 상여금을 받을 권리가 있다고 생각한다는 것을 어떤 독일 은행장도 보여 줬다. 히포 리얼 에스테이트 은행장 게오르크 푼케는 2008년 말 은행장직에서 물러나야 했다. 은행이 하마터면 파산할 뻔했고, 국가로부터 1,000억 유로130조원를 지원받아서 더 큰 재난을 일단 막았기 때문이다. 푼케는 그래도 자기가 계속 수백만 유로에 이르는 연봉을 받을 권리가 있다고 생각했다. 푼케는 350만 유로45억 5천만원를 받아내려고 소송을 제기했다. 자동차 업계에서도 실패가 보상을 받는다. 자동차 제조업체 제너럴 모터스(오펠 자동차도 계열사다.)의 장수 회장 릭 왜거너는 회사를 파산으로 몰았다. 그러나 회장직에서 퇴임한 후에 왜거너에게 5년에 걸쳐 850만 달러85억원가 지급되기로 약속되었다. 그 후에는 죽을 때까지 연 7만 4,000달러7,400만원의 연금을 받게 된다.

연봉 10만 유로나 50만 유로로는 대기업을 이끌 만한 경영진을 구하지 못한다는 말도 자꾸 들린다. 경영자가 다른 사원들보다 1,000배나 많이 벌면, 그게 '시장가격'이라는 것이다. 정말 훌륭한 인재에 대한 수요는 크지만 공급은 적다는 거다. 다이아몬드나 백금처럼. 그러나 또다시 질문이 생긴다. 억만장자 경영자들이 그렇게 굉장한 재능을 갖춘 예외적 경우라면 왜 그들은 자기들이 이끄는 기업을 자꾸 궁지로 모는가? 이 세상 대기업들을 훌륭한 사람들이 경영한다는 말이 옳다면, 어째서 그와 동시에 수십억 명이 굶주리고 환경이 파괴되는 일이 가능한가? 이 질문에 대한 대답 중에 현대적 경제활동 방법에 대해 몇 가지를 알려 주는 대답이 있다. 이사는 보통 세상의 기아에 맞서 뭔가를 하거나 더 나은 세상을 만들기 위해 고용되는 것이 아니라는 것이다. 이사는 회사가 한 해 동안 되도록 많은 돈을 벌게 하기 위해 고용된다. 이 임무를 완수하면 이사는 두둑한 보상을 받는다. 그 외 다른 것은 그의 일이 아니다.

다시 문제는 권력이다

'왜 경영자들이 수백만 유로를 버는가?'란 질문에 대해 볼프강 라이슬레가 굉장히 솔직한 대답을 했다. 라이슬레는 처음에 BMW, 나중에 포드에서 경력을 쌓았고 결국 산업가스 전문 업체인 린데 주식회사의 대표이사가 되었다. 린데는 예를 들어 병원에서 필요한 산소를 생산한다. 볼프강 라이츨레는 2008년에 약 800만 유로(숫자로 하면 8,000,000유로)104억원를 벌었다. 린데 주식회사의 '평범한' 사원 연봉의 200배 정도 되는 금액이었다. 그런 고액 연봉이 정상이냐는 질문에 라이츨레는 이렇게 대답했다. "발락 같은 스타플레이어가 같은 구단을 위해 일한다는 이유로 경기장 잔디를 깎는 정원사보다 겨우 20배 더 받아야 된다고 진지하게 요구할 사람은 아무도 없을 것이다. 그런 요구는 터무니없을 테니까."

그러니까 라이츨레 대표이사의 주장은 이거다. 경영자가 받는 1,000만, 2,000만 혹은 5,000만 유로의 연봉은 **다들** 그렇게 받기 때문에 정상이다. 이 말을 다르게도 표현할 수 있을 것이다. 대표이사 일당은 전 세계에서 간단히 한 가지를 이루어 냈다. 자기들이 받는 연봉이 정상으로 여겨지게 만든 것이다. 옛날에 왕들이 백성들이야 가난하게 살든 말든 성과 궁전을 세우는 게 정상으로 여겨졌던 것처럼 말이다. 그때나 지금이나 여기서도 무엇보다 한 가지, 권력이 문제이다.

여기서 흥미로운 사실은 라이츨레 대표이사가 미하엘 발락 같은 축구 스타는 50만 유로6억 5천만원의 연봉에는 만족할 수 없을 거라고 논하는 것 자체를 '터무니없다'고 생각한다는 점이다. 50만 유로면 정원사가 버는 돈의 20배다. 그러나 미하엘 발락이 전성기에 받은 약 2,000만 유로260억원가 터무니없지 않느냐는 질문이 오히려 흥미롭다.

이 문제에 대해 약간 숙고해 본다면 이렇게 말하지 않을 수 없다. 그래, 터무니없어. 비정상이야. 하지만 이게 정상이기도 하다. 돈이 중요한 역할을 하는 많은 분야들이 이성과 전혀 무관하기 때문이다. 사람들이 돈을 집하면 되레 이성이 마비되기 십상이다. 이런 사실은 갈수록 많은 학술 연구들이 입증하고 있다. 이런 이론만이 드리블을 잘하거나 노래를 잘 불러서 대부호가 될 수 있다는 사실을 설명할 수 있다. 이 문제를 다루기 위해 별도의 장을 시작할 만한 가치가 있다.

'스타' 모델
또는 돈은 이성을 마비시킨다

　　"한 사람이 9,400만 유로1,222억원의 가치가 있을 수 있는가?" 축구 선수 크리스티아누 호날두가 2009년 6월 이적했을 때 「빌트」지는 1면에서 이런 물음을 던졌다. 그런데 이 축구 스타는 엔지니어가 다임러에서 아우디로 이직하는 것처럼 단순히 새 직장을 찾은 게 아니었다. 24세 청년은 더 정확히 말해서 '팔린' 것이었다. 계약에 따르면 호날두는 원래 전 구단인 맨체스터 유나이티드에서 조금 더 뛰어야 했다. 그러나 새 구단 레알 마드리드는 호날두를 무조건 데려가려 했고 「빌트」가 깜짝 놀라서 의문을 제기한 94,000,000유로라는 거액을 지불했다.

　　조금만 생각해보면 「빌트」의 질문에 대한 이성적인 대답은 없다는 점이 분명해진다. 인간의 가치는 결코 돈으로 나타낼 수 없다. 인간은 1억 유로의 가치가 있지 않을뿐더러, 1,000억 유로나 10센트의 가치도 없다. 이런 면에서 호날두가 9,400만 유로의 가치가 있느냐는 질문은 '예, 아니요'로 대답할 수 없다.

더 흥미로운 질문은 바로 있다. 어떤 축구 클럽이 오로지 호날두 같은 선수를 '자유롭게' 하기 위해 다른 클럽에 그런 거액을 지불하는 일이 어떻게 가능한가? 이 포르투갈인의 추정 연봉인 1,000만 내지 1,300만 유로는 이적료 9,400만 유로에는 아예 포함되지 않았기 때문이다.

그러니까 9,400만 유로라는 정신 나간 금액은 어떻게 나오는가? 대답은 이렇다. 여기서는 아주 여러 요인이 동시에 작용하는데, 그 하나하나가 자세히 살펴보면 상당히 정신 나가 보인다. 그렇게 모인 광기 전체가 결국에는 레알 마드리드 임원들이 젊은 포르투갈인을 위해 9,400만 유로를 쓰는 것을 아주 이성적인 결정으로 여기게 만든다.

광기 없이는 경제도 없다

현대 경제 발전에는 늘 약간의 광기가 개입되어 있었다. 예를 들어 인류가 수천 년 전에 금에 대해 '일부 장소에만 있는 이 반짝이는 금속은 지금부터 가치가 있다.'라고 합의하지 않았더라면 현재 형태의 돈은 결코 만들어질 수 없었을 것이다.

그때까지 금은 일상생활에 아무 가치도 없었다. 오늘날에는 금으로 의치 같은 실용적인 물건을 만들 수 있다. 이가 상한 사람들에게 이 금속은 진짜 사용가치가 있는 것이다. 그러나 틀니 제작이 아직 불가능했던 수천 년 전에는 이런 사용가치가 없었다. 금은 먹을 수 없다. 도구를 만들기에는 너무 무르다. 금은 장신구나 종교 용품 소재로는 이미 수천 년 전부터 수요가 컸다. 그러나 금반지나 황금 데스마스크에 부여된 가치도 이성적인 고려와는 결코 상관이 없었다. "이제부터 금은 귀중해, 그것도 아주 귀중해."라고 언젠가 사람들이 말하면서 내린 결정은 확실히 약간 터무니없었다.

광고 광기에서 스타 숭배 광기로

광고가 탄생하면서 경제계는 특히 더 이상해졌다. 물론 수천 년 전에도 고대 이집트나 그리스에서 채소 장수가 물건을 팔려고 광고를 했다. 하지만 그의 광고는 매우 단순했다. 채소 장수는 아마 물건을 예쁘게 진열하고 오이나 당근을 싸게 판다고 큰 소리로 외쳤을 것이다. 광고는 매스미디어가 탄생했을 때 비로소 진짜로 승승장구하기 시작했다.

광고가 어떻게 이성을 마비시키는지에 대해서는 책을 여러 권 쓸 수 있을 정도다. 크리스티아누 호날두의 예만 봐도 벌써 일이 어떻게 돌아가는지 똑똑히 알 수 있다. 호날두가 뛰는 경기의 TV 중계, 신문과 잡지 보도를 통해, 또한 인터넷에서 그는 스타가 되었다.

다른 사람을 스타로 숭배하는 것이 이성과 별로 상관없다는 사실로도 책을 여러 권 쓸 수 있다. 음악 팬들이 자기가 좋아하는 가수가 좋아하는 노래를 부르는 것을 라이브나 아이팟으로 들을 때 따뜻한 행복감으로 충만하는 것은 틀림없이 멋진 일이다. 축구 팬들이 숭배하는 포워드가 골을 넣을 때 천국에 있는 기분이 되는 것도 멋진 일이다. 하지만 이것은 이성과는 전혀 무관하다. 이성과 감정은 두 가지 별개의 세계이고, 이대로도 좋을 것이다.

그러므로 크리스티아누 호날두가 언젠가 **축구의 신**으로 승격한 것도 이성과는 별로 관계가 없다. 신을 숭배하는 것은 꼭 이성의 문제는 아니고 믿음과 감정의 문제이다. 아무튼, 언젠가 호날두는 스타일뿐만 아니라 신이 되었다. 그런 까닭에 광고로 제품 판매를 늘리려고 하는 회사들에게 대단히 주목받게 되었다.

호날두의 유니폼에는 어떤 때는 보험회사 광고가, 또 어떤 때는 전화회사 광고가 붙어 있다. 신문과 TV 광고에서 호날두는 청바지와 운동화를 선전하려고 포즈를 취한다. 이런 질문이 대두된다. 축구 선수가 그 회사 이름을 가슴에 달고 있으면 특별히 좋은 보험회사인가? 아마 아닐 것이다. 하지만 이 문제는 전혀 중요하지 않다. 크리스티아누 호날두나 미하엘 발락, 루카스 포돌스키에게 수백만까지는 아니더라도 수만, 수십만 유로를 지불하는 회사들의 바람은 하나다. 바로 호날두 같은 사람을 감싸고 있는 굉장한 **광휘**의 일부가 자기 회사로 쏟아지는 것이다.

그런 광휘 때문에 사람들은 Y사의 바지가 아니라 X사의 청바지를 선택한다. X사가 호날두가 광고하는 회사이기 때문이다. 일은 잘 돌아간다. 누군가가 한번 '세상에서 제일 끝내주는 남자'(어떤 팬이 호날두에 대해 한 말이다.)로 여겨지면, 그가 손대는 것도 모두 끝내주게 된다.

이로써 호날두 팬들이 그가 경기장에서 입는 유니폼의 복제품을 아무 불평 없이 80유로나 85유로를 내고 사는 것도 설명이 된다. 한창 때는 호날두 셔츠가 이 가격에 1분에 15장씩, 즉 4초마다 한 장씩 팔렸다고 한다. 저가 브랜드에서 파는 2유로나 3유로짜리 티셔츠를 생각해 보면 크리스티아누 호날두 셔츠나 미하엘 발락 셔츠 한 장에 80유로라는 건 미쳤다고밖에 할 수 없다. 미하엘 발락은 그런 정신 나간 짓들 덕분에 독일에서 가장 돈을 잘 버는 축구 선수가 되었다. 연소득이 어림잡아 2,000만 유로260억원였다.

80유로짜리 축구 선수 유니폼과 비슷할 정도로 정신 나간 것은 비욘세 놀스의 120유로나 150유로짜리 콘서트 표이다. 덕분에 이 미국 여성은 2008년 세계에서 돈을 가장 잘 버는 뮤지션이 되었다. 1년에 어림잡아 약 8,000만 유로1,040억원의 소득을 올렸다.

인터넷 세상의 몇 가지 기묘한 점

인류가 경제활동을 하는 동안 이 점은 늘 분명했다. 누군가 다른 사람이 원하는 무엇인가를 가지고 있을 경우 그것은 값이 나간다는 것이다. 제빵업자가 시간과 재료를 들여 빵을 구우면 빵을 거저 줄 수 없다. 대가로 뭔가를 요구해야 한다. 현재 인터넷에서만 이런 기본 상식이 통하지 않는다.

재미있는 신문 기사나 사전에 실린 훌륭한 텍스트를 돈 내고 읽는다고? 겨우 20센트나 50센트더라도 상상도 할 수 없는 일이다. 벌써 오래전부터 공짜 정보가 널려 있고, 신문사와 출판사들은 '지식 상품'에 돈을 요구하는 것을 거의 포기하다시피 했다. 음악과 영화는? 인터넷에서는 틀림없이 공짜일 거다!

이런 일이 잘 굴러갈 수 있을까? 힘들게 작사하거나 작곡한 곡에 대해 돈을 받지 못한다고? 그 대신 구글 같은 회사들이 인터넷을 거대한 광고판으로 만들어 거액을 쓸어 모은다고?

그런데 벨소리 정액제 요금이 일주일에 4.99유로라면서 신문 구독료가 같은 금액이면 너무 비싼 건가?

과학적 증명: 돈과 이성은 서로 어울리지 않는다

광고계에서 벌어지는 일, 또는 축구 스타나 팝 스타들의 보수를 둘러싸고 벌어지는 일을 오래된 경제학 이념과 조화시키기란 매우 힘들다. 벌써 오래전부터 경제학자들은 인간이 돈을 지출할 때나 노동력을 팔 때 이성적으로 심사숙고한다고 주장해 왔다. '호모 에코노미쿠스'Homo economicus라는 라틴어 개념('경제적으로 생각하고 행동하는 인간'이라고 번역하면 가장 좋을 것이다.)이 관련 학술 자료에 자꾸 등장한다.

그러는 사이 진짜 사람들 속에는 '호모 에코노미쿠스'가 별로 들어 있지 않다는 데 갈수록 많은 학자들이 동의하고 있다. 최근에 학자들은 심지어 경제계에서 사람들이 움직이는 방식은 이성과는 전혀 무관하기 일쑤라는 사실을 명확히 입증했다. 오히려 실험에서 드러난 사실은 돈이 뇌 속에서 마약 비슷한 작용을 한다는 것이다. 사랑이 눈을 멀게 한다면 돈은 아마 시력을 흐릿하게 만들 것이다.

이에 대한 확실한 증거를 이미 몇 년 전에 미국 뇌과학자 브라이언 넛슨이 발견했다. 넛슨은 뇌 활동을 정밀 관찰할 수 있는 기구인 이른바 뇌기능 자기공명영상촬영장치fMRI에 피험자들을 집어넣었다. 넛슨은 실험 참가자들에게 주식거래 등을 머릿속에 그려 보라고 했고 이때 어떤 뇌 영역이 유난히 활성화되는지 관찰했다. 그 결과 이른바 '보상 영역'이 특히 자극받는다는 사실이 밝혀졌는데, 이 영역은 전혀 다른 것에 의해서도 활성화될 수 있다. 넛슨은 실험 결과를 이렇게 요약했다. "마약과 섹스를 담당하는 뇌 회로가 돈도 관할한다."

우위가 결정적이다

돈은 다른 여러 방법으로도 이성 기관으로서의 뇌의 역할을 무용화한다. 본Bonn 대학 연구자들은 뇌의 '보상계'가 다양한 영향에 어떻게 반응하는지 관찰하기 위해—미국 과학자 넛슨과 비슷하게—피험자들을 기구에 십어넣는 실험을 실시했다.

실험 참가자들이 주어진 과제를 제대로 풀면 보상이 주어졌다. 30~120유로를 받을 수 있었다. 예상했던 대로, 실험 참가자가 과제를 올바로 해내 그 대가로 돈을 받으면 보상계가 눈에 띄게 활성화되었다. 그런데 피험자들이 혼자서 돈을 받으려고 애쓸 때가 아니라 다른 참가자들과 비교되고 좋은 성적을 냈을 때 보상계는 훨씬 더 강하게 활성화되었다. 이로써 자기가 다른 참가자들보다 큰 보상을 받았다는 사실을 안 실험 참가자들의 뇌 속에서 행복감이 가장 컸다는 사실이 분명해졌다. 말하자면 '메롱' 효과다.

회사에서 직원 급여를 결정하는 사람들도 이런 경험을 한다. 어떤 직원이 월급 3,000유로에 200유로를 수당으로 받으면 기뻐한다. 뇌의 보상계가 활동을 시작한다. 하지만 지금까지 그와 똑같이 3,000유로를 받던 동료가 수당을 400유로 받았다는 사실을 알게 되면 행복감은 사라지고 만다. 전보다 200유로를 더 받았는데도 어쩌면 화까지 낼 것이다. 다른 사람이 받은 400유로를 자기는 못 받았기 때문이다.

다른 연령대에서도 상황은 마찬가지일 것이다. 열다섯 살짜리 소년은 용돈이 20유로에서 25유로로 오르면 틀림없이 기뻐한다. 그러다가 부모가 쌍둥이 형에게는 20유로가 아니라 30유로를 준다는 사실을 알게 되면 기쁨은 사라지고 말 것이다. 부모가 그럴 만한 타

당한 이유가 있을지라도.

이런 현상은 나쁜 성격적 특성으로 여겨지는 시기심과 꼭 관련이 있지는 않다. 님과 비교하는 것은 오히려 많은 인간의 본성이다. (많은 **남성**의 본성이라고 한정해서 말해야 한다. 여성의 뇌도 그렇게 기능하는지를 연구팀들은 아직 최종적으로 시험하지 않았다. 여자들은 이런 문제에서 더 태연할 수도 있다.)

이로써 연봉이 100만 유로인 많은 경영자가 독일 평균 노동자보다 30배는 많이 버는데도 만족하지 못하는 이유도 설명이 된다. 다른 회사 사장들은 200만, 500만, 5,000만 유로를 번다는 사실을 알기 때문에 고액 연봉에도 만족하지 못하는 것이다. 돈과 관련해서 뇌는 전혀 다른 미친 짓도 유발한다.

우연에 의해 결정되는 가격

미국 학자 댄 애리얼리는 어떤 상품에 대한 합리적 가격을 숙고할 때 이성이 실제로 얼마나 작용하는지 실험으로 알아내고자 했다. 실험 결과 이성은 조금밖에, 아주 조금밖에 작용하지 않았다. 애리얼리는 대학생들에게 여러 물건에 대해 적절하다고 생각하는 가격을 제시하라고 했다. 그 전에 학생들은 미국에서 모든 성인이 부여받는 사회보장번호 뒷자리 두 개를 설문지에 적어야 했다. 그런 식으로 애리얼리 교수는 학생들을 뒷자리가 00~19, 20~39, 40~59,

60~79, 80~99로 끝나는 다섯 집단으로 나눌 수 있었다.

대학생들이 어떤 사회보장번호를 받는가는 순전한 우연이었다. 우연히 정해진 숫자이기 때문에 그 젊은이들이 특정 상품에 어떤 가격을 매기는지는 사회보장번호 숫자와 아무런, 전혀 아무런 관련도 없어야 할 터였다.

하지만 실제 결과는 달랐다. 설문지에 높은 숫자를 쓴(예를 들어 80~99) 학생들은 숫자가 낮은(예를 들어 00~19) 학생들보다 훨씬 높은 가격을 매겼다. 예를 들어 마우스를 포함한 멋진 무선 컴퓨터 키보드 가격으로 어떤 그룹은 평균 16달러를, 다른 그룹은 56달러를 제시했다.

왜 제안 가격에 이런 엄청난 차이가 생겼을까? 댄 애리얼리는 특정한 숫자가 뇌에 '닻'을 내린다고 말한다. 애리얼리의 생각을 이해하려면 인간이 이미 수십만 년 전부터 상황을 제대로 판단하고 싶을 때 늘 비교 대상을 찾아 왔다는 사실을 알아야 한다. 사람들은 어떤 것을 크다고 여길지, 작다고 여길지를 이를테면 자기 몸집을 기준으로 결정한다. 그런 까닭에 인간은 닥스훈트를 작다고 느끼는 것이다. 그런 개라도 파리나 개미와 비교하면 거대한데도 말이다.

어떤 물건이 싼지 비싼지를 결정하고 싶을 때도 사람들은 비교 대상을 찾는다. 기준을 찾는 것이 인간의 뇌 속에 프로그래밍되어 있기 때문이다. 달리 비교 수치가 없을 때 예컨대 사회보장번호를 제시받으면 그 번호를 기준으로 삼는다. 그것이—조금만 이성적으로 살펴보면—완전히 어리석은 짓인데도 불구하고.

하지만 진짜 상품의 다른 비교할 만한 가격이 있으면 사람들은 기꺼이 그 가격을 기준으로 삼는다. 이런 사실을 알면 왜 가구점에서 유명 상표 커피 1파운드를 1.99유로에 살 수 있다고 광고하는지 이해하기 쉬워진다. 커피와 가구는 별로 관계가 없다. 하지만 대부분의 독자들은 커피 가격이 3유로에서 5유로라는 것을 알고 있다. 그러므로 가구점 커피 광고는 사람들 뇌 속에서 '찰칵' 하고 체크되고 '저 가게 싸잖아!'라는 메시지가 저장된다.

그래도 정의는 중요하다

지난 수년간 학자들이 돈과 관련한 비합리성에 대해 실시한 실험들은 몇 가지 위로가 될 만한 결과도 도출했다. 이른바 신뢰 게임 (또는 'Trust Game')에는 두 사람이 참가한다. 한 사람(게임 참가자 A)이 일정한 액수의 돈을 받는다. A는 그중 일부를 다른 사람(게임 참가자 B)에게 나눠 줘야 한다. B가 자기 몫이 적당하다고 생각할 때만 두 사람 다 돈을 가질 수 있다. B가 A가 제안한 액수가 너무 적다고 말하면 둘 다 한 푼도 얻지 못한다.

사람들은 게임 참가자 B가 항상 '예스'라고 대답할 거라고 생각할 것이다. 예를 들어 게임 참가자 A가 10유로를 받고서 B에게 50센트만 나눠 주려고 할 때 비록 적은 액수나마 받는 게 이득이지 괜히 거부해서 단 한 푼도 받지 못한다면 그것이야말로 가능한 최악의 거래이기 때문이다. 그러나 실상은 다르다. 게임 참가자 B는 자기 몫이 특정 한도를 밑돌 경우 거의 항상 '신뢰 게임'을 무산시킨다. 절반이 안 되는 금액은 전부 부당하다고 느낄 때가 있는가 하면 게임 참가자가 20퍼센트에 만족할 때도 있다. 하지만 거의 누구나 언젠가는 이런 말을 한다. "이렇게 부당한 몫을 받느니 차라리 한 푼도 안 받겠어!"

그러므로 돈 문제에서는 개개인이 어느 정도 이성을 지키기가 힘들다. 수십 명, 수천 명, 또는 수백만 명의 사람들이 함께 돈과 관련이 있을 때는 영영 통제 불능이 되기 십상이다. 그러면 폭풍우 치는 바다의 파도처럼 혼란스러워질 수 있다. 그러나 그런 위험천만한 파도를 잘 탈 수 있고, 그래서 부자가 될 수 있는, 그것도 아주 큰 부자가 될 수 있는 사람들이 충분히 있다.

연예 산업, 눈부신 만큼 그림자도 짙다

　　청소년들 중에는 나중에 커서 연예인이 되고 싶다는 친구들이 제법 많다. 연예인이 되면 텔레비전이나 라디오, 신문에 자주 나와서 인기를 끌고, 천문학적인 소득을 벌어들일 수도 있기 때문이다.

　　그러나 연예인들의 삶을 좀 더 자세히 들여다보면 그들도 나름의 애환이 많다. 모든 연예인이 다 톱스타가 되어 인기를 끄는 것도 아니요, 큰돈을 버는 것도 아니다. 여기저기서 부르는 바람에 밥 먹을 시간이 없을 정도로 돈을 버는 연예인이 있는 반면에, 한 끼 한 끼 밥걱정을 해야 하는 연예인도 많다. 같은 연예인이라도 소득이 천지 차이인 것이다.

　　그런데 인기 연예인조차 수명이 별로 길지 않다. 운이 좋으면 인기가 수십 년을 가지만 대개는 몇 년 만에 인기가 사그라진다. 한창 인기를 누리다가 불러 주는 사람 하나 없는 처지가 되어서 우울증에 빠지는 경우도 많다.

　　더욱 심각한 것은 연예인을 꿈꾸는 수많은 청춘 남녀들이 첫발을 딛는 순간 착취와 폭력에, 때로는 성희롱에 시달리기도 한다는 점이다. 연예인으로 성공하더라도 작은 실수로 인해 네티즌들로부터 엄청난 비난을 받기도 하고 심하게는 마녀사냥 끝에 스스로 목숨을 끊는 불상사가 발생하기도 한다.

한편, 몇몇 인기 연예인의 과도한 몸값은 수많은 평범한 사람들을 좌절하게 만들기도 한다. 그리고 극소수만 누리는 휘황찬란한 삶이 언론에 선정적으로 보도되면서 수많은 청소년들이 연예인이 되기만 하면 벼락부자가 될 것 같은 착각에 빠지기도 한다.

하지만 진정 우리에게 필요한 것은 자신의 적성이나 취향에 걸맞은 꿈을 꾸는 것이고, 특정한 사람들만 잘사는 세상이 아니라 누구나 자신의 노력에 걸맞게 적절한 보상을 받아 두루 잘사는 세상일 것이다.

o7

'투기자' 모델
또는 돈의 마력

대부분의 억만장자들은 부자가 되기 위해 많은 사람의 도움이 필요했다. 알디 소유자인 카를과 테오 알브레히트는 수천 명의 계산원이나 화물차 운전수, 창고 직원이 없었더라면 아무것도 해내지 못했을 것이다(1장 참조). 대주주 주자네 클라텐은 BMW나 알타나, 노르덱스 공장들에서 직원 수천 명이 날마다 일하는 동안만 부자로 지낼 것이다(2장 참조). 마이크로소프트 창립자 빌 게이츠도 마이크로소프트 사원들이 없었더라면 성공하지 못했을 것이다(3장 참조).

그러나 완전히 혼자서도 억만장자가 될 수 있다. 적어도 거의 완전히 혼자서. 사실상 다른 사람들의 협력 없이 억만장자로 올라서는 것은 딱 한 분야, 투기에서만 가능하다. 여기서 주목할 만한 예는 존 폴슨이다. 이 미국인은 별로 부유한 집안 출신이 아니지만 자식들에게는 아마 수십억 유로를 유산으로 남길 것이다. 미국 「포브스」지는 2010년 현재 폴슨의 재산이 88억 유로(숫자로 나타내면 8,800,000,000유로)11조 4,400억원라고 추정했다. 2007년에만 폴슨은 어림잡아 29억 유로3조 7,700억원의 이익을 올렸다.

폴슨이 추구하는 사업 이념은 간단해 보인다. 그는 특정 가격이 어떻게 변동할 것인지 숙고한다. 그런 다음에 자기가 예상하는 가격에 돈을 건다. 현대 금융계가 여러 면에서 카지노와 다르지 않게 돌아간다는 사실을 이용하는 것이다.

광기에 사로잡힌 꽃 구매자들

가장 단순한 투기 형태는 이미 수천 년 전부터 존재했다. 어떤 투기자가 특정 상품의 가격이 오르리라 예상해 오늘 그 상품을 구입한다. 며칠, 몇 주, 몇 달 후에 가격이 오르면 상품을 되팔아 상당한 수익을 올린다. 이른바 '투기 거품'이 발생하면 일이 까다로워진다. 그런데 투기 거품은 수백 년 전부터 되풀이되고 있다. 그런 '거품'이 얼마나 어처구니없을 수 있는지 약 400년 전에 매우 놀라운 사건에서 드러났다.

화초 구근 단 한 뿌리에 수공업자가 20년간 일해야 버는 돈을 지불하는 것이 상상이 가는가? 17세기 초에 바로 그런 일이 네덜란드에서 벌어졌다. 튤립 구근 한 뿌리에 평생 받을 급여의 절반에 해당하는 가격이 지불되었다. 이 집단적 미친 짓은 '튤립 광기' 또는 '튤립 공황'으로 역사책에 기록되었다.

튤립 광기는 여행자들이 튤립 구근 몇 뿌리를 원산지인 아시아
에서 네덜란드로 가져오면서 시작되었다. 튤립은 희귀한 식물이었
던 데다가 꽃의 형태와 빛깔이 당시 네덜란드에서는 대단히 새로웠
기 때문에 곧 아주 탐나는 물건으로 여겨졌다. 그 무렵 몇몇 네덜란
드 사람들은 엄청난 부를 이루었다. 그들은 무엇보다도 아시아에서
생산된 물건을 유럽으로 가져와 부자가 되었다.

최초의 다국적 기업

다국적 대기업의 역사는 생각보다 오래되었다. '다국적 기업'이라고 부를
만한 최초의 기업 중 하나는 이미 1602년에 설립되었다. 바로 네덜란드 동
인도회사다. 동인도회사는 현재의 인도네시아, 인도 등지, 그리고 일본으로
가는 무역선단을 조직했다. 네덜란드인들은 수십 년 동안 향료나 커피, 비
단, 면 운송에서 압도적으로 가장 중요한 역할을 고수할 수 있었다. 그러니
까 범선 시대에도 이미 세계화는 있었던 것이다. 자금 조달 방법도 현대적
이었다. 회사의 소유권은 지분으로 나눠졌고, 지분은 거래될 수 있었다. 지
분을 뜻하는 네덜란드어 단어 'actie'는 독일어 'Aktie'[주식]에서 쉽게 알아
볼 수 있다.

부유한 네덜란드인들은 부를 과시하려고 집 주위에 화려한 정원을 가꾸었다. 그들의 본보기는 성뿐만 아니라 성의 정원도 뽐내는 유럽 제후들이었다. 튤립은 그런 정원의 특별한 장식물로 여겨졌다.

그러니까 소위 구매력이라는 것이 존재했던 것이다. 구매력은 갈망하는 상품에 집중되었다. 그 상품의 가격이 오르는 것은 별로 놀라운 일이 아니다. 그러나 얼마 후 가격 상승이 지나치게 가속화하자 많은 사람들이 그로부터 이익을 얻게 되기를 바랐다. 곧 구근 자체만 거래된 것이 아니라 몇 달 후에나 자라날 구근을 수확할 권리도 판매되었다. 이런 거래의 기반은 가격이 언제까지나 계속해서 오를 거라는 기대감이었다. 몇 년 동안은 기대대로 되었다. 튤립 구근을 사면(또는 튤립 구근 구매권만 사도) 얼마 후에 이익을 남기고 상품을 되팔 수 있었다. 가격은 계속 올라 구근 한 뿌리가 수공업자 연수입의 몇 배가 되는 지경에 이르렀다.

그러나 결국 '거품'이 꺼졌다. 어느 때인가 가격을 더 올리는 것이 불가능해졌다. 공황이 발생했다. 너도나도 튤립 구근이나 구근 구매 권리를 헐값에 팔려고 했다. 가격은 순식간에 끝도 없이 추락했다.

"튤립 구근 한 뿌리에 몇 년치 연봉을 지불하다니, 잘될 리가 없었어." 요즘 사람들은 이미 오래전에 죽은 17세기 네덜란드인들을 동정하여 고개를 설레설레 저으며 이렇게 말할지도 모른다. "멍청이들."

그러나 그런 비난을 할 때는 조심하는 게 좋다. 왜냐하면 오늘날에도 여전히 일확천금을 꿈꿀 때 많은 사람들의 머릿속에서 17세기 네덜란드인들의 머릿속에서 벌어진 것과 똑같은 일이 벌어지기 때문이다. 섹스나 마약에 의해서도 활성화되는 뇌 영역들이 활동을 시작한다(6장 참조). 그러면 이성은 금방 마비된다. 그때나 지금이나 마찬가지다.

게다가 17세기 튤립 구근 구매자들이 했던 짓은 무조건 어리석지는 않았다. 적어도 그 순간순간 개인의 관점에서는 어리석지 않았다. 한동안은 구근으로 정말 돈을 벌 수 있었던 것이다. 그 돈으로 다른 좋은 물건들을 살 수 있었다. 오늘 염소 한 마리 값으로 구근 몇 개를 사서 한 달 후에 집 한 채 값을 받고 되판다면 그게 뭐가 무분별하다는 것인가? 거품이 터지기 직전에 거품이 계속 부풀어 오를 거라고 믿는 사람들에게 이르러서야 비로소 상황이 달갑잖아진다. 집 한 채 값을 들여 튤립 구근 몇 뿌리를 사서는 얼마 후에 구근을 팔아 연필 한 자루 값밖에 못 챙기는 사람은 정말로 자기가 바보처럼 느껴지리라.

끓어오르는 거품

많은 사람들이 돈을 벌 때 덩달아 같이 벌려고 하는 것. 이런 행태는 튤립 광기 이래 사라지지 않았다. 그 사실은 무엇보다도 2000년 무렵 팽창한 '신경제New Economy 거품'이 보여 줬다. 경제를 완전히 새롭게 만들겠다(그래서 '신경제'란 개념이 생겼다.)고 주장한 기업들의 대표적 예는 인터숍 사다. 1992년 독일 튀링겐 주 예나에서 몇몇 젊은이들이 모여 소프트웨어 회사를 차렸다. 그들은 야심이 없지 않았다. "독일의 마이크로소프트 같은 것"이 되고 싶었다고 인터숍 경영자 미하엘 치피다리스는 인터뷰에서 말했다. 1998년 인터숍 창립자들은 회사를 증시에 상장했다. 즉 회사 소유권을 나누어서 원하는 모든 이들에게 지분을 팔았다. 아주 많은 사람들이 지분을 사고 싶어 했다. 1998년과 1999년에 주가지수는 오로지 한 방향, 위쪽밖에 몰랐다. 인터숍 주식은 특히 가파르게 상승했다. 1999년에 인터숍 주식을 1만 유로어치 산 사람은 몇 달 후에는 주식을 10만 유로에 팔아 9만 유로의 수익을 거둘 수 있었다.

하지만 주식을 제때 되팔아야 했다. 2000년 봄부터 주가가 곤두박질쳤기 때문이다. 최고가를 기록한 후에 인터숍 주식은 몇 달 만에 가치를 99퍼센트 이상 상실했다. 독일 주식투자자보호협회가 계산한 결과, 2000년 12월 31일 인터숍 주식을 1만 유로어치 샀을 경우 5년 후에는 26유로 83센트의 가치밖에 남지 않았다. 나머지 9,973유로 17센트는 사라져 버렸다.

튤립과 주식의 공통점

17세기 네덜란드 튤립과 그로부터 약 400년 뒤에 인터숍 사가 판매한 주식은 한 가지 공통점이 있다. 튤립 구근이나 인터숍 주식의 존재 목적을 묻는 질문이 아주 금방 중요성을 완전히 상실했다는 것이다. 튤립의 경우에는 정원과 공원을 아름답게 만들어야 한다는 점이 한때 분명했다. 주식도 한때는 다음과 같은 기본 원칙이 꽤 확고히 뿌리내려 있었다. 누군가 여윳돈을 어떤 회사에 투자하는 것이 좋은 아이디어라고 생각한다. 회사는 돈을 기꺼이 받는다. 그 돈으로 새 기계를 사거나 직원을 더 고용할 수 있기 때문이다. 그렇게 함으로써 회사는 흑자를 낸다. 주주는 매년 흑자의 일부, 즉 배당금을 받는다(2장 참조). 그 밖에도 그가 지분을 소유한 회사가 많은 투자자들에게 신뢰를 주면 회사 주가가 오른다. 많은 구매자들이 주식을 사려 할 테고 그만큼 더 높은 가격을 치를 마음이 되어 있기 때문이다.

하지만 인터숍의 사례는 '투자자는 일을 잘하라고 회사에 돈을 준다'는 생각과는 전혀 관계가 없다. 그 회사는 완전히 특별한 상품을 내놓은 적이 한 번도 없었다. 괜찮은 소프트웨어를 개발했을지는 몰라도 세상을 바꿀 만한 프로그램은 없었다. 주주들에게 지불할 수 있을 정도로 이렇다 할 이윤을 낸 적도 결코 없었다. 인터숍 주식은 그냥 언젠가 '유망'하다고 여겨졌다. 그런 까닭에 점점 많은 투자자들이 그 주식을 사려고 했다. 그 결과 주가가 뛰었고, 그럼으로써 점점 더 유망하다고 여겨졌다. 상황이 나빠지기 전까지는.

돈의 환상 세계

가격 상승에 돈을 거는 것은 가장 단순한 투기 방법이다. 그러나 투기자들 중에 진짜 능력자들은 전혀 다른 기술에 통달해 있다. 예를 들어 이미 앞에서 언급한 존 폴슨은 특정 가격이 하락할 거라는 데 돈을 걸어 수십억 유로를 벌었다. 그것도 어떤 상품이나 주식 가격이 아니라 대출 패키지 가격에. 일이 어떻게 돌아가는 건지 어느 정도 이해하려면 현대 돈의 마법 세계 속으로 들어가 봐야 한다. 돈은 이미 오래전부터 단순한 지불 수단에 그치지 않기 때문이다. 돈은 환상의 산물이기도 하다. 그러나 세상의 덜 환상적인 부분에 아주 현실적인 영향을 미치는 환상의 산물이다.

매우 복잡한 문제를 이해하려면 우선 된통 바보 행세를 하는 것이 때때로 도움이 된다. 그리고 이런 질문을 해 보는 거다. 대체 돈은 왜 있는가? 잠깐 생각해 보면 깨닫게 된다. 돈이 수천 년간 보편화되었던 물물교환보다 실용적이라는 사실을. 수천 년 전에 어떤 사냥꾼이 숲에서 노루를 잡아 온다고 가정해 보자. 이로써 공급할 야생동물이 생겼다. 하지만 사냥꾼이 정작 필요한 것은 아마도 새 신발 한 켤레와 도기 컵 열두 개였을 터다. 사냥꾼이 무엇을 할 수 있었을까? 신발을 잘 만드는 사람에게 노루 앞쪽 절반을 주어야 했을까? 그리고 나서 남은 노루 뒷다리 두 개를 들고 도공을 찾아가 컵과 바꿔야 했을까? 제화공이 뒷다리를 요구하면서 노루 머리도 같이 달라고 했다면 어떻게 했을까? 교환은 확실히 복잡한 문제다.

약 3,500년 전에 돈이 발명되면서 일은 간단해졌다. 사람들은 예를 들어 물건을 교환할 때 희귀한 조개를 매개물로 하자고 합의할 수 있다. 사냥꾼이 친구들과 여는 파티에 저녁 식사로 쓸 노루 한 마리가 통째로 필요한 사람을 발견한다고 가정하자. 파티 주최자는 사냥꾼에게 노루 값으로 희귀한 조가비 스무 개를 지불한다. 제화공이 신발 한 켤레에 조가비 여덟 개를 요구하고 도공이 컵 하나에 조가비 한 개를 요구한다면 사냥꾼은 조가비 스무 개로 원하는 물건을 구할 수 있다. 하지만 사냥꾼은 생각을 바꿔 노루 값으로 받은 돈을 몇 주, 몇 달, 혹은 몇 년 보관할 수도 있을 것이다. 죽은 짐승은 그렇게 오래 보관하기 힘들 것이다.

조개에서 온라인 계좌로

돈의 발명은 여러 이점을 가져왔다. 그 대신 돈은 몇 가지 조건을 충족시켜야 했다. 우선은 어느 정도 지속성이 있어야 했다. 고드름을 돈으로 사용하면 봄부터는 문제가 유발된다. 그리고 돈은 희귀해야 했다. 앞에서 사냥꾼과 노루의 이야기에 등장한 조개의 예는 전혀 엉뚱하지 않다. 동아시아나 아프리카에서는 수세기 동안 개오지라는 이름의 조개를 지불수단으로 사용했다. 유럽에서는 희귀 금속이 특히 인기가 있었다. 처음에는 금이나 은 무게를 재서 다른 물건과 교환했다. 그러다 고대 그리스인들이 약 2,700년 전에 금속으로 화폐를 주조하기 시작했다. 지폐는 유럽에서 약 300년 전에야 보급되기 시작했던 반면, 중국에서는 그보다 1,000년쯤 전부터 이미 알려져 있었다. 중국인들은 유럽인들보다 훨씬 먼저 위조범들이 쉽사리 모방할 수 없는 지폐를 제작해 냈던 것이다.

살 수 있는 것(상품과 서비스)은 그 양이 결코 무한하지 않으므로 돈도 희귀해야 한다는 원칙이 적용된다. 재화가 부족하면 화폐량도 한정되어 있어야 한다. 모래알로 지불하려는 것은 말이 안 된다. 인쇄된 종이로 지불하는 것도 국가가 일정량만 인쇄하여 돈으로 쓰이도록 관리할 때만 말이 된다.

돈의 발명은 교환경제가 수천 년 동안 유발했던 몇 가지 문제를 해결했다. 돈은 다양한 물건들의 교환이 어느 정도 원활히 돌아가게 해 주는 윤활제이다. 그런데 돈의 발명은 훨씬 효과가 큰 다른 일도 가능하게 만들었다. 바로 돈은 손쉽게 빌려줄 수 있다는 것이다.

물론 물품도 빌려줄 수 있다. 하지만 예를 들어 중세에 어떤 상인이 먼 나라로 무역을 하러 떠날 때 선원을 포함해 배를 몇 척 통째로 빌리려면 꽤나 까다로웠을 것이다. 상인이 물주가 돈을 대는 보람이 있도록 나중에 몇 푼 더 얹어서 갚겠다고 약속하고 돈을 빌릴 때 특히 일이 순조롭게 진행될 수 있었다. 이렇게 여러 물주에게 빌린 돈으로 무역선단의 자금을 대는 것이 가능해졌다. 실제로 중세 때부터 시작된 먼 나라와의 무역이 근대 은행업의 탄생을 촉진한 주요 요인이었다.

나무 의자에서 대형 은행으로: 놀라운 단어의 역사

'은행'bank이라는 개념은 처음에는 말 그대로 받아들여졌다. 환전상과 대부업자들은 노천에서 긴 의자[독어로 Bank, 이탈리아어로 banca]에 앉아 있었다. 그들은 이런 의자들 앞에 둔 탁자에서 업무를 처리했다. 그런 까닭에 이탈리아에서는 중세 때부터 돈이 움직이는 장소를 'banca'라고 불렀다. 파산Bankrott[영어로 bankrupt]이라는 개념도 아주 확실한 배경을 가지고 있다. 옛날 금융업자들이 의무를 이행하지 않으면 성난 고객들이 탁자와 의자를 때려 부수곤 했다. 'Banca rotta'는 이탈리아어로 '부서진 의자'라는 뜻이다.

은행업에서 귀금속으로 만든 화폐는 오랫동안 중요한 역할을 했다. 하지만 스크루지 맥덕[디즈니 만화 캐릭터 도널드 덕의 갑부 삼촌, 구두쇠로 유명하다]이 자꾸만 겪는 일을 중세 상인들도 이미 경험했다. 귀금속 화폐는 실용적이지 않다는 것이다. 귀금속 화폐를 대량으로 운송하려면 비용이 많이 든다. 도둑맞을 위험도 매우 크다. 이런 사실은 덕버그[도널드 덕과 미키 마우스의 고향]에서 강도단 버글 형제가 스크루지 맥덕의 금고를 줄곧 포위할 때뿐만 아니라 실제 세상에서 개인이나 은행의 금 보유고에도 해당된다.

때문에 중세에 이미 '어음'이라는 것이 탄생했다. 언제까지 얼마

를 지급하겠다고 종이에 기입한 증권인 어음은 그때그때 특정한 거래 상대만이 다시 돈으로 바꿀 수 있었다. 어음을 훔쳐 봤자 대개는 아무 쓸모가 없었다. 이로써 조가비 화폐나 주화 발명과 더불어 이미 시작된 발전이 가속화되었다. 화폐자본의 소유가 실제 물건의 소유에서 분리된 것이다. 돈의 흐름이 경제를 특징짓는 자본주의 시대가 시작되었다. 그럼으로써 '자본'이란 단어가 농경지나 가축 떼, 기계처럼 손으로 만질 수 있는 물건과 관련되었던 시대는 완전히 끝났다.

자본 속의 소머리: 또다시 놀라운 단어의 역사

자본주의의 처음에는 소가 있다. '자본'capital이란 단어에는 가축 떼의 크기를 나타냈던 이탈리아 단어 'capitale'가 숨어 있기 때문이다. 또 'capitale'에는 '머리'를 뜻하는 라틴어 단어 'caput'가 숨어 있다. 가축 떼의 규모는 머릿수를 세어 정확히 확인할 수 있기 때문이다.

화폐자본의 독립생활은 계속 가속화했고, 20, 21세기에 특히 더 그랬다. 어음이 주화가 잔뜩 든 자루보다 훨씬 쉽게 이리저리 이동될 수 있었다면, 인터넷 시대에 들어와 돈은 궁극적으로 유동적이 되었다. 오늘날 돈, 자본은 마우스만 몇 번 클릭하면 온 지구를 질주

할 수 있다. 계좌 이체부터 페이팔PayPal 결제를 거쳐 대형 은행이나 거대 투기자들의 대규모 금융 거래까지.

큰 결과를 가져온 작은 발명, 신용

화폐자본은 다른 면에서도 자본 개념 안에 숨어 있는 소머리와 분리되었고 그럼으로써 불가사의한 힘을 발달시켰다. 이런 힘을 방출하기 위한 주문呪文은 **신용**credit이다. 이 개념도 그 유래가 많은 것을 알려 준다. credit에 숨어 있는 이탈리아 단어 'credere'는 '믿다'라는 뜻이다. 왜냐하면 신용대부를 해 주는 사람이 언젠가 돈을 받을 수 있을 거라고 믿는 일이 핵심이기 때문이다.

신용거래에서는 현재뿐만 아니라 미래도 관계가 있다. 신용이란 이런 뜻이다. "나는 네가 가치를 창출해 낼 거라고 믿는다." 이런 신뢰의 대가로 신용을 받는 사람은 신용을 주는 사람에게 일반적으로 이자를 지급한다. 한 사람이 다른 사람에게 가치를 창출할 수 있게 해 주기 때문에 후자는 전자에게 창출한 가치의 일부를 나눠 준다. 또는 덜 낭만적으로 보자면, 여윳돈이 있는 사람은 그 돈을 빌려 줄지 말지 결정할 힘도 있다. 그럼으로써 그는 이자를 요구할 힘도 있다. 과거 기독교 국가들에서는 이런 권력을 이용하는 것을 추잡하게 여겼다. 이슬람 세계에서는 지금도 여전히 이자를 비도덕적이라고 여긴다(16장 참조).

이자를 어떻게 생각하든 상관없이, 채무자는 신용대부로 얻는 돈으로 여기서, 오늘, 물건과 서비스를 구입할 수 있다. 즉, 돈을 지출하고 투자힐 수 있다. 그림으로써 새로운 것이 발생하게 할 수 있다. 이로써 인류가 왜 중세 이후로 경제 산출량을 인류사의 과거 어느 때보다 몇 배나 빨리 증가시켰는지 부분적으로 설명이 된다.

과학 기술의 진보가 이런 급속한 경제성장에 크게 기여했고, 분업과 다양한 직종의 전문화도 마찬가지였다. 그러나 자본 흐름도 때때로 폭발적이기까지 한 경제 산출량 증가에 기여했다. 경제체제의 특정한 곳에서 가치가 창출될 수 있다는 믿음에 불과하기 일쑤인 자본이 말이다. 자본 소유자는 이런 곳으로 자본을 흘려보내 새로 창출된 가치 일부를 얻고자 한다.

무한 성장을 향한 불운한 믿음

"경제는 더 이상 성장하지 않는다." 회사 사장들, 정치가들, 또는 노조원들도 이 말을 들으면 아연실색할 것이다. 더 나쁜 것은 경제 산출량 감소, 전문 용어로 하자면 경기가 리세션recession으로 들어서는 일이다. 이는 일자리가 대거 감축된다는 것을 의미한다. 많은 사람들이 생계 수단을 잃고, 심지어는 빈곤의 나락에 빠진다. 이렇게 되는 한 가지 이유는 매년 이익을 증대하지 못하는 회사들은 자본주(예를 들면 주주)들을 만족시키지 못한다는 것이다. 이런 일이 있어서는 안 된다. 그러므로 해마다 더 많은 자동차나 휴대폰이 조립되고, 더 많은 알약이 조제되고, 더 많은 집이 지어져야 한다. 상식적인 사람이라면 곧바로 이렇게 질문할 것이다. 끊임없이 성장하고 성장을 결코 멈추지 않는 게 도대체 가능한 일인가? 사람들이 매년 더 큰 집을 사서 더 많은 자동차를 그 앞에 세워 둘 수 있는가? 상식적인 사람이라면 당연히 불가능하다고 대답할 것이다. 하지만 현대 경제에서는 상식적인 인간의 규칙이 아니라 '성장해야 한다. 정체는 후퇴를 의미한다.'라는 규칙이 통용된다. 자본은 수익을 요구하기 때문이다. 100유로가 105유로가 되어야 한다. 105유로가 110유로가 되어야 한다. 그 이면에 깃든 생각은 경제가 비행기 같다는 것이다. 앞으로 나가지 않으면 추락한다. 하지만 진실은 다르다. 따지고 보면 왜 경제가 쉬지 않고 이런 식으로 성장해야 하는지 정말로 이성적인 이유는 없다. 도리어 지금과 같은 '성장 강요'는 경제생활에서 발언권이 있는 사람들의 합의다. 글쓰기에서 발언권이 있는 사람들이 독일어에서는 모든 명사 첫 글자를 대문자로 쓴다고 언젠가 합의했던 것처럼 말이다. 한 가지 차이는 대문자 표기 합의는 아무에게도 심각한 해를 끼치지 않는 반면에 성장 합의는 지구를 파괴한다는 점이다. 오늘날 '성장' 개념이 다음과 같은 것을 의미하기 때문이다. 매년 더 많은 에너지가 소비된다. 더 많은 철, 더 많은 구리, 더 많은 깨끗한 물이 소비된다. 그러다 언젠가 최후의 석유뿐만 아니라 최후의 철이나 최후의 구리 광석도 소비된다. 그러므로 인류는 어쨌든 언젠가는 자원을 더는 파괴하지 않는 방식으로 경제활동을 할 길을 찾아야 할 것이다. 이것이 바로 '지속 가능성'이다. 거기에 이르는 길은 멀다. 하지만 그 길이 어떻든 꼭 가야 한다(15~21장 참조).

돈이 나오는 곳

돈을 빌려주는 것은 또 다른 대단히 중요한 기능을 갖는다. 대출을 해 줌으로써 날마다 돈이 말하자면 '새로 만들어진다'. 마법처럼 들리지만 정확한 사실이다. 은행들은 대부를 해 줄 때 전에는 없던 돈을 만든다. 그 일은 중앙은행이나 태환은행이 한다. 유럽연합이나 미국에서는 이런 은행들이 공식적으로 국가로부터 독립되어 있다. 하지만 국가는 이 은행들에 중요한 업무를 위임했다. 그래서 태환은행만이 지폐를 찍고 주화를 주조할 권리가 있다. 또 (대개는 컴퓨터 상에만 존재하는) 돈을 민영은행이나 저축은행들에 빌려줄 권리도 있다. 그렇게 해서 전에는 없던 돈이 생겨난다.

그러나―국영은행이 아닌―우체국은행, 신용협동조합, 저축은행들도 돈을 새로 만들 수 있다. 이 은행들은 언제나 다른 기관, 이를테면 중앙은행에서 조달한 일정액의 돈을 보유하고 있어야 한다. 하지만 신용대부를 함으로써 새로 돈을 만들어 낼 수도 있다. 그 돈은 비록 대출금을 상환함으로써 도로 없어지지만, 서구 시장경제에서는 일반적으로 언제나 대출되는 금액이 상환되는 금액보다 많다. 따라서 **통화량**이 늘어난다.

너무 많은 돈이 '만들어지면': 인플레이션

가격이 오르는 것은 시장경제의 일부다. 예를 들어 특히 인기 있는 지역에 집을 소유한 사람은 높은 집세를 받아 낼 수 있다. 그러나 한편으로는 저렴해지는 물건들도 있다. 컴퓨터 가격은 제조업체들이 생산성(2장 참조)을 향상한 덕분에 지난 수년간 현저히 하락했다. 그러니까 거듭해서 보도되는 이른바 '물가 상승률'은 평균값이다. 물가가 1년에 평균 1퍼센트나 2퍼센트 오르면 아무 문제가 없다. 대개 소득과 연금도 최소한 같은 속도로 상승하기 때문이다. 그럴 경우에 새 돈의 '발명'에 의해 발생하는 통화량은 사회의 실제 가치에도 어느 정도 일치한다. 문제가 생기는 것은 너무 많은 돈이 만들어질 때다. 예를 들어 제1차 세계대전 후에 독일은 빚더미에 올랐다. 승전국들이 패전국 독일에게 막대한 배상금을 요구했기 때문이다. 배상금을 물기 위해 독일은 돈을 새로 찍어 냈다. 그럼으로써 통화량이 팽창했다. 뒤이어 인플레이션이 발생했다. '인플레이션'inflation 개념의 유래가 된 라틴어 단어 'inflare'는 '부풀다'라는 뜻이다. 상품 양은 일정한데 날마다 돈이 많아졌다. 더 많은 돈이 유통되었기 때문에 상품과 서비스 판매자들은 더 높은 가격을 요구할 수 있었다. 곧 그들은 훨씬 더 많이 요구해야 했다. 원자재나 임대료도 비싸졌기 때문이다. 현기증을 일으킬 정도로 극심한 가격 인상이 경쟁적으로 이루어졌다. 모두가 모두에게 점점 많은 돈을 요구했다. 은행들은 갈수록 많은 돈을 유통시켰다. 그러나 정작 화폐가치는 날마다 떨어졌다. 1923년 12월 초에 달걀 한 개를 사려면 무려 3,200억 라이히

스마르크를 지불해야 했다. 이런 '하이퍼인플레이션' 시대의 물가 상승률은 한 달에 치고 3만 퍼센트나 되었다. 비교를 위해 말하자면, 유로Euro를 지불 수단으로 쓰는 나라들의 연간 물가 상승률은 단일 통화 도입 이래 3퍼센트일 때도 있었고 0.5퍼센트일 때도 있었지만, 늘 유럽중앙은행ECB이 목표치로 정한 2퍼센트 근처였다.

위험한 돈벌이 허가

민영은행과 저축은행들은 돈을 새로 '만들' 수 있기 때문에 현대 경제에서 굉장히 중요한 기능을 갖는다. 동시에 매우 강력한 지위에 있기도 하다. 은행들의 힘이 막강한 데는 정치도 책임이 있다. 정치는 은행과 저축은행들이 새 돈을 어느만큼 만들어도 되는지 결정하기 때문이다. 이런 식으로 정치는 은행들이 돈을 찍어 내어 벌 수 있는 금액의 범위를 정한다.

유로화 통용 지역에서는 은행과 저축은행들이 다른 기관에서 미리 조달한 돈의 50배를 빌려줄 수 있다. 어떤 은행이 100유로를 조달하면 5,000유로를 빌려줄 수 있는 것이다. 금융기관들이 3퍼센트의 금리로 돈을 빌려 와 4퍼센트의 금리로 빌려준다고 가정해 보자. 그러면 은행들이 받는 이자는 스스로 지불하는 이자보다 **1퍼센트 포인트** 높다. 금융시장에서는 백단위 액수가 아니라 전혀 다른 규모로 돈이 계산되기 때문에 은행들은 그에 상당하는 이익을 금리 차이로 거둬들인다. 은행들이 대출업에서 '돈 만들기'를 통해서만 연간 900억 유로117조원를 벌 수 있다고 경제지 「한델스블라트」는 계산했다. 숫자로 나타내면 90,000,000,000유로이다.

날마다 새로 '만들어'지는 돈의 대부분은 지폐와 주화 형태로 지갑과 금고에 들어 있는 것이 아니다. 오히려 자동차를 조립하고 컴퓨터 프로그램을 개발하고 환자를 간호하고 소를 키우는 등 경제활동을 하는 사람들이 실제로 하는 일 위에 마치 생각의 구름처럼 떠있다. 이와 같은 이른바 금융자본은 지난 수년간 인류 역사에 유례가 없을 정도로 빨리 증가했다. 어떤 산출치에 따르면 '돈 생각 구름'은 그 구름 아래 있는 이른바 '실물경제'보다 네 배나 크다. 다시 말해서 증권에 돈을 투자하거나 계좌에 돈을 가지고 있는 모든 사람들이 그 돈으로 실제 집, 자동차, 배를 사거나 머리를 자르려고 하면, 세계경제 연간 산출량의 네 배를 살 수 있을 것이다.

이 이야기에 기분이 나빠진다면, 그건 순진함과 아무 상관이 없다. '실제' 가치 창출과 자본 흐름이 갈수록 서로 관련이 없어진다는 사실을 알면 특히 더 불쾌해진다. 실제 가치 창출과 자본 흐름이 무관해지면서 사람들이 단기간에 수십억 유로를 챙기는 상황이 벌어질 수 있다. 하지만 거액을 잃어 자살밖에 다른 출구가 없는 상황도 생길 수 있다.

수십억 유로 규모의 도박

현대 금융계의 치명적인 덫에 걸린 사람의 일례는 아돌프 메르클레이다. 1934년에 태어난 이 기업가는 오랜 세월에 걸쳐 거대한 기업 왕국을 세웠다. 그가 소유한 대표적 회사로는 제약회사 라치오팜과 건축자재 제조업체 하이델베르크 시멘트가 있었다. 2008년 미국 「포브스」지는 메르클레의 재산이 약 100억 유로13조원에 이른다고 추정했다. 그러나 메르클레는 주식 투기로 수억 유로를, 어쩌면 10억 유로 이상을 잃었다. 그의 기업 왕국은 흔들렸다. 메르클레는 2009년 1월 5일 열차에 뛰어들어 스스로 목숨을 끊었다.

메르클레가 약 10억 유로를 잃은 투기는 공매도空賣渡, short sale 라는 별반 수상하지 않은 이름을 가지고 있다. 그러나 그 이면에는 돈과 자본을 궁극적으로 환상의 산물로 만드는 구조가 자리하고 있다. 어떤 투기자가 예를 들어 오늘 시세가 100유로인 주식이 반년 후에는 값이 50유로밖에 안 될 거라고 예상한다. 그는 이런 시세차를 이용해 이익을 내고 싶어 한다.

이런 일은 전적으로 가능하며 기본적으로 다음과 같이 이루어진다. 투기자는 주식을 빌린다. 다시 말해서 가격이 떨어지리라 예상되는 주식을 가진 사람을 찾아 한동안 주식을 빌려 달라고 부탁한다. 그러면서 투기자는 정해진 대여 기간이 지나면 주인에게 주식을 되돌려 주기로 약속한다. 주식 소유자는 주식을 빌려주는 대가로 일종의 대여료를 받는다.

투기자는 이제 주식을—비록 빌린 것이지만—당장 실제로, 현재 가격인 100유로에 매도한다. 대여 기간이 끝날 때, 예를 들어 반년 후에는 주가가 50유로에 불과할 거라고 예상하기 때문이다. 그러니까 투기자는 오늘 비싸게 판 주식을 나중에 싼값에 되사서 갚을 수 있기를 바란다. 예상이 맞아떨어지면 투기자는 주식 한 주당 50유로의 이익을 올린다.

그런 도박은 결코 단 몇 주의 주식으로는 하지 않는다. 투기자가 대개는 빌려 온 수백만 유로를 거는 게 일반적이다. 그러면 천문학적인 이익을 기대할 수 있기 때문이다. 혹은 아돌프 메르클레처럼 천문학적인 손실을 볼 수도 있다. 메르클레가 시세 하락에 돈을 걸었던 주식들은 실제로는 값이 많이 뛰었다. 결국 메르클레는 자살로 끝을 맺었다.

증권 가격 폭락으로 억만장자 되기

시세 하락에 돈을 걸어 단시간에 갑부가 될 수도 있다는 것은 앞에서 이미 언급한 미국 억만장자 존 폴슨의 예가 입증한다. 폴슨은 아돌프 메르클레가 했던 도박보다 조금 더 복잡한 금융계 분야에서 부자가 되었다. 폴슨은 이른바 대출 패키지의 가격 추이에 돈을 걸어 부자가 되었다.

몇 년 전에 무엇보다도 미국 은행들은 그런 대출 패키지를 묶어

내기 시작했다. 기본 구상은 대충 이랬다. 예를 들어 한 은행이 각각 10만 달러 상당의 대출 계약 1,000건을 함께 묶는다. 모든 채무자들이 분할 불입금을 착실하게 갚으면 그렇게 묶인 패키지는 1억 달러에 상당할 것이다. 거기에 이자가 추가된다. 주택담보대출 계약은 대개 장기이므로 은행은 빌려준 1억 달러에 대해 아마 총 1억 5,000만 달러를 수입으로 기대할 수 있을 것이다.

그러나 수백만 달러 상당의 대출 계약들이 손실이 나는 일도 예상할 수 있다. 사람들이 다른 사람들에게 뭔가를 빌려주기 시작한 이래 빌린 것을 돌려주지 않는 사람이 항상 있다는 규칙이 통용되기 때문이다. 돌려주기 싫어서 또는 돌려줄 수 없어서. 그런 손실분이 얼마나 될지는 추정만 할 수 있다.

앞에서 말한 예에서 기대하는 1억 5,000만 달러의 상환액 중 채권자가 500만 달러의 손실을 예상한다고 가정하자. 그러니까 1억 4,500만 달러가 돌아오리라 기대된다. 그럼에도 채권자에게는 한데 묶은 대출 계약들을 이를테면 1억 4,000만 달러에 파는 것이 유용해 보인다. 그러면 채권자는 원래 더 벌 수 있었을지 모르는 500만 달러를 포기해야 하지만 나머지 1억 4,000만 달러는 당장, 확실히 가지게 된다. 대출에 수반되는 위험은 사라지고, 수천만 달러가 이윤으로 남는다.

반면에 이런 대출 패키지를 사는 사람은 1억 4,000만 달러만 지불하고 1억 4,500만 달러를 벌어들일 거라고 기대한다. 그러면 500만 달러의 이익을 보는 것이다.

다시 거품이 팽창한다

대출 계약을 패키지로 묶는 것은 곧 엄청나게 유행했다. 다들 이득을 볼 거라고 했다. 손실 위험이 보다 잘 분산되어 은행들이 대출을 해 주기가 더 쉬워진다고 했다. 게다가 은행들은 적지 않은 이익을 올리는 기분 좋은 부수적 효과도 있다. 하지만 대출 패키지를 사는 사람들도 상당한 이익을 기대할 수 있을 거라고 했다.

대출 패키지는 멋진 상품으로 여겨져 증권처럼 거래되었다. 거래는 활발하게 이루어졌다. 독일 은행들도 기꺼이 구매 대열에 합류했다. 그러나 은행들에게 중요한 것은 대출 손실 위험을 가능한 한 많은 어깨에 나눠 짊어지는 공익적 목표가 아니었다. 독일 은행들은 그저 가능한 한 많은 돈을 벌려고 했다. 일은 잘 굴러가는 것처럼 보였다. 적어도 미국에서 주택 가격이 오르는 동안에는.

그들은 주택 가격이 오른다는 가정하에 패키지에 깃든 위험을 산출했다. 생각은 이랬다. 주택 구입자들이 해마다 더 많은 돈을 집 값으로 내는 한 그 전에 집을 사느라 빚을 진 사람들에게 큰일은 없을 것이다. 집을 사려고 오늘 10만 달러를 빚진 사람 중 누군가는 내년에—예를 들어 실직으로—다달이 할부금을 갚지 못하는 사태를 맞을 수도 있다. 하지만 이 경우에 집을 10만 5,000달러에 다른 사람에게 파는 데 성공하면 채무자는 그냥 그 집에서 이사 나와 빚을 청산하는 것이다(심지어 약간 이익을 챙기기도 할 것이다). 그러면 아무 문제도 없다.

은행계의 대량살상무기

하지만 17세기 네덜란드의 튤립 구근이나 2000년 신경제 주식과 똑같은 사태가 발생했다. 영원히 계속 올라갈 것 같던 주택 가격의 엘리베이터가 어느 순간 멈춰 섰다. 심지어 다시 아래로 내려갔다. 누구나 집을 사기 위해 위험 없이 빚질 수 있다는 생각은 더 이상 옳지 않았다. 대출금을 감당하기 힘들어지면 집을 살 때보다 비싼 값에 팔아 버린다는 출구가 갑자기 막혀 버렸다. 그 결과 패키지들로 포장된 대출들이 얼마나 '우량'한가 하는 계산은 맞지 않게 되었다. 갈수록 많은 '불량' 대출들이 상환되지 않았기 때문이다.

그러자 연쇄 반응이 뒤따랐다. 대출 패키지 가격도 떨어지기 시작했다. 곧 은행들은 패키지 판매 자체를 하지 못하는 지경에 이르렀다. 대출 패키지들은 갑자기 '독성'이 있다고 여겨졌다. 은행들은 이 독성 증서들을 대부분 가치가 없다고 봐야 했다. 아무도 원하지 않는 물건의 가격은 0이기 때문이다. 이런 식으로 막대한 손실이 쌓였고, 이 상황은 2008년부터 '금융 위기'라는 헤드라인 아래 끊임없이 뉴스에 보도되었다. 일부 금융 전문가들은 대출 증권들을 '대량살상무기'라고 불렀다.

위기는 대출 패키지 거래에만 국한되지 않았다. 이 위기는 전 세계 은행들이 얼마나 밀접하게 연계되어 있는지도 보여 주었다. 현대 금융제도는 다양한 은행들 간의 끊임없는 돈의 이동으로 이루어진다. 그 기반은 돈이 기본적으로 되돌아올 거라고, 각 은행이 다른 은행들에 대해 갖는 신뢰이다. 이상적인 경우에는 돈에 얼마가 더 붙어서 돌아온다. 반면에 큰 금액은 손실이 나지 말아야 한다. 은행들이 상호 신뢰를 상실하는 순간에 금융제도가 '도미노 데이'〔매년 11월 네덜란드에서 실시되는 행사로 세계 최대 도미노를 만들어 쓰러뜨린다.〕의 도미노 돌들처럼 쓰러질 위험이 있다.

사고 게임 '돈'이 망상으로 전락할 때

금융 위기로 인해 현대 금융제도가 현실과 매우 동떨어지고 복잡해져서 모든 상상을 뛰어넘고 통제가 거의 불가능해졌다는 점이 드러났다. 그러나 한편으로는 금융제도의 득을 보는 자들이 투명성을 높이는 더 엄격한 규제와 규정들을 계속 가로막는다는 점도 드러났다.

이른바 금융 산업은 마치 아무 일도 없었다는 듯이, 정교한 금융 상품에 돈을 투자하면 자산을 연간 8퍼센트, 10퍼센트, 15퍼센트 늘릴 수 있다고 약속한다. 경제 산출량이 최근에 약 2~3퍼센트, 또는 그보다도 덜 증가한 세계에서 그런 일이 가능하다는 것이다. 그러니까 이런 비율은 성장이 골고루 분배될 때 인류의 부가 증가할 수 있는 가능한 최고 속도이다. (이런 형태의 부가 사람들을 행복하게 만드는지, 지구가 이런 형태의 성장을 얼마나 오래 견딜지는 또 다른 문제이다.)

여기서 전문가가 아니어도 한 가지 사실을 알아차릴 수 있다. 누군가가 8퍼센트, 10퍼센트, 15퍼센트씩 돈을 불리는 데 성공한다면, 그것은 오로지 다른 누군가가 그 대가를 지불하기 때문에 가능한 것이라는 사실이다. "내가 어떤 금융 상품으로 10퍼센트의 수익을 올리면 그 대가를 누가 치르는가?" 이 질문에 그 비용을 부담하는 사람들의 이름을 대며 간단히 대답할 수는 없다. 그러기에는 금융망이 너무나 복잡하고 구체적 현실에서 지나치게 분리되어 있다. 투기로 억만장자가 된 존 폴슨의 대답도 분명히 틀렸다. 폴슨은 미국 주택 담보대출 시장 붕괴에 돈을 걸었기 때문에 어마어마하게 큰돈을 벌었다. "대체 누가 손해를 본 건가?"라는 질문에 폴슨은 "투자은행가"라고 대답했다. 투자은행가란 투기를 전문으로 하는 특정 종류의 은행 직원을 말한다. 이런 은행 직원들의 일부가 금융 위기 때 한시적으로 수입이 줄었을 수도 있다. 그렇다고 해서 빈민을 위한 무료 급식소에 가야 했던 사람은 그들 중에 단 한 명도 없었다.

이 이야기에서 정말로 손해를 본 사람들은 따로 있다. 예를 들어 사실은 집을 살 금전적 능력이 없으면서 집을 샀던 미국 사람들이다. 그들은 그대로는 계속 버틸 수 없다는 사실이 분명해지자 집을 포기해야 했다. 미국 대도시 주변에 있는 천막촌과 트레일러촌들은 주민이 부쩍 늘었다. 실업자가 된 전 세계의 수백만 노동자들도 손해를 보았다. 주택 시장뿐만 아니라 전체 경제가 어느 정도는 돈의 활발한 순환에 달려 있기 때문이다. 순환이 제대로 이루어지지 않았을 때 많은 기업이 문제에 봉착했고 일자리를 대거 감축했다.

마지막으로 독일, 미국, 프랑스, 영국, 기타 많은 다른 나라에서 세금을 내는 사람들도 손해를 보았다. 각국 정부들이 세금으로 (존 폴슨과는 반대로) 투기에 실패한 은행들을 도와줬기 때문이다. 금융 제도가 도미노 식으로 무너지는 것을 막기 위해 세금이 어마어마하게 사용되었다.

'누가 돈을 대어 투기자들에게 이익을 안기는가?'라는 질문에 답하기 위해 돈의 흐름을 세세히 다 이해할 필요는 전혀 없다. 그래도 직관을 믿고 이렇게 확언할 수 있다. 누군가 돈 구름을 민 덕분에 계좌에 수백만 또는 수십억 유로가 들어온다면, 그가 이 돈을 벌었다고 말할 수 없다. 노력해서 얻은 것도 아니다. 그는 기껏해야 **제공받은** 것뿐이다. 결론적으로 항상 다른 누군가가 그것을 위해 일한 것이다.

그러므로 '부자들이 어떻게 재산을 모으는가?'라는 질문에는 많은 대답이 있다. '어떻게 사람들이 가난할 수 있는가?'라는 질문에 대한 대답도 적어도 그 정도로 많다. 그런 까닭에 다음 일곱 장에서는 가난해지는 방법에 대해 알아보겠다.

이상한 나라의 집 없는 사람들

경제 인류학자 칼 폴라니는 '토지, 노동, 화폐 등 상품화해선 안 될 요소들이 자본주의와 더불어 상품화함으로 말미암아 사회의 품속에 겸손하게 깃들어야 할 경제가 오히려 사회를 압도적으로 지배하게 되었다.'고 말한 바 있다. 오늘날 우리는 논이나 밭과 같은 토지를 부동산이라 부른다. 거주 공간이어야 할 집도 부동산이 되어 재산 증식과 투기의 대상이 되고 말았다.

우리나라는 이미 2007년 말에 주택 보급률이 108퍼센트를 넘었다. 골고루 분배만 한다면 한 가구당 집 한 채가 돌아가고도 남는다는 말이다. 그러나 실제로 자기 집에 사는 가구는 전체 가구의 절반밖에 되지 않는다. 약 절반은 월세나 전세로 산다는 뜻이다.

건설 기업들은 전국 곳곳에 경쟁적으로 아파트를 건설한다. 이미 미분양 아파트가 많아 몸살을 앓는 수준인데도 공간만 있으면 아파트를 지어 댄다. 왜냐하면 허공에다 수백, 수천 채의 아파트를 지을 수 있기 때문에 한번 사업이 성공하면 수백 억 내지 수천 억원 대의 거금을 벌 수 있기 때문이다.

그렇다면 일반 시민들 입장에서는 어떤가? 착실히 일해서 월급을 모아 봐도 물가 상승률을 따라잡기 힘들지만, 아파트 한 채를 샀다가 가격이 올랐을 때 잘 팔기만 하면 착실히 일해서 저축하는 것보다 훨씬 나은 것이 지금까지의 현실이었다. 그 바람에 대한민국은 본의 아니게 투기 공화국이 된 것이다. 지난 2008년 '리먼 브라더스'라는 투자은행(증권 투자를 전문으로 하는 은행)이 파산하는 바람에 미국에서 시작된 금융 위기가 전 세계로 확대된 것도 바로 이런 투기가 만들어 낸 거품 경제 탓이었다.

이제 우리나라도 미국의 2008년과 비슷한 폭발 직전의 상황으로 치닫고 있다. 이미 가계 부채는 1,000조원을 넘었는데, 2014년 7월에 취임한 최경환 부총리 팀이 경제를 활성화한답시고 부동산 대출 기준을 완화하는 바람에 2개월 사이에 가계 빚이 무려 11조원이나 늘었다. 투기와 거품을 막아야 할 정부가 오히려 부채질하는 격이다.

칼 폴라니의 통찰을 진지하게 수용하여, 토지, 노동, 화폐 등 상품화해서는 안 될 요소들을 다시금 제자리로 돌리고, 생산과 분배, 소비 전반에 걸쳐 경제의 건강성을 회복하는 일이 시급하다.

2부

가난뱅이가 되는 일곱 가지 방법

' 제3세계 ' 모델
또는 부의 반대

포데 툰카라는 열네 살 때 동사했다. 그의 친구 야긴 코이타는 열다섯 살의 나이로 죽었다. 두 사람은 비행기가 이륙 후에 바퀴를 접어 넣는 좁은 칸에 억지로 몸을 들이밀었었다. 포데와 야긴은 서아프리카 기니의 코나크리에서 유럽으로 가는 비행기에 몰래 올랐었다. 비행기가 점점 높이 올라가자 금속 덕트 안의 온도는 영하로 뚝 떨어졌다. 공기가 매우 희박해져서 기온이 정상이었더라도 살아남기는 거의 불가능했을 것이다.

아프리카 소년들의 시신은 1999년 8월 2일 벨기에 수도 브뤼셀 공항에서 기술자들이 비행기 정기 점검을 하다가 발견했다. 포데와 야긴은 몸에 편지를 지니고 있었다. 그들은 프랑스어로 유럽에 사는 사람들, 특히 정치가들에게 도움을 청했다. "Nous souffrons énormément en Afrique."라고 쓰여 있었다. "저희는 아프리카에서 대단히 고통 받고 있습니다." 글은 이렇게 이어졌다. "Nous voulons étudier, et nous vous demandons de nous aider à étudier pour être comme vous en Afrique." "저희는 공부하고 싶습니다. 저희가 아프리카에서 여러분처럼 될 수 있게 공부할 수 있도록 도와 달라고 여러분께 부탁드립니다."

세계 최고 빈국과 부국 순위에서 포데와 야긴의 모국인 기니는 총 185개 나라 가운데 175위에 올라 있다(4장 참조). 그런데 이 목록에서는 어떤 나라가 140위이건 160위이건 180위이건 전혀 상관 없다. 이 나라들의 가난을 독일이나 오스트리아, 스위스에 사는 사람은 이해할 수 없다. 두 소년이 죽고 10년이 지났어도 상황은 전혀 달라지지 않았다. 주간지 「디 차이트」는 당시 이렇게 썼다. "코나크리에 한 번이라도 가 본 사람은 자살 행위나 다름없었던 그 여행의 동기를 이해할 수 있다. 기니의 수도는 100만 명이 넘는 사람들이 사는 절망적이고 악취 풍기는 슬럼이고, 건기에는 먼지가 날리고 타는 듯이 덥고, 우기에는 늘 유독성 하수가 흐르며, 언제나 쓰레기와 해충이 넘쳐난다. 물은 오염되었고, 전기는 한 시간마다 나가고, 학교와 병원은 이름값을 하지 못한다. 굶주림, 질병, 폭력이 일상을 수놓는다. 절망의 땅이다."

왜 그렇게 비참한가?

기니, 에티오피아, 나미비아 같은 아프리카 국가들의 빈곤, 그리고 아시아와 라틴아메리카의 빈곤을 나타내는 많은 수치가 있다. 그중 하나를 살펴보자. 2009년 10억 명의 사람들이, 유엔의 표현에 따르면, '만성 영양실조'였다. 다시 말해서 이 사람들은 일일 필요량보다 먹을 것이 적다. 2009년에는 영양실조인 사람 수가 전년보다 10퍼센트 증가했다. 그런 수치를 보면 이해할 수 없는 점이 있다. **왜** 아프리카 소년 포데와 야긴의 눈에 엄청나게 부유해 보였던 독일이나 오스트리아, 스위스 같은 나라에서 비행기로 불과 몇 시간 떨어진 곳에서 사람들이 굶어 죽는가?

이미 수십 년 전에 경제학자들은—부유한 정도에 따라—지구상 나라들의 차례를 정했다. 서유럽의 부유한 선진 산업국들이나 미국, 캐나다, 일본이 '제1세계'로 꼽혔다. 소련과 그 동맹국들 같은 당시 사회주의 국가들이 '제2세계'로 불렸다(15장 참조). 세계 빈국 및 최빈국들이 '제3세계'로, 심지어는 '제4세계'로 분류되었다. 이런 명칭들은 약간 한물가긴 했다. '제3세계'가 패배자들의 세계가 되는 경쟁 요소가 깃들어 있기 때문이다. 그러나 솔직히 말하면 사실이 그렇다. 세계의 그런 지역들에 살면서 부유한 집안에 태어나지 않은 자는 이미 패배자인 것이다.

제3세계의 빈곤을 이해하기 위해 잠깐 과거를 돌아보는 게 도움이 된다. 여기서 한 가지는 확실하다고 봐도 좋다. 사유재산이 생긴

이래 지구 어디에나 남들보다 많이 가진 사람들이 있다는 것이다. 훨씬 많이 가진 사람들도 꽤 있다. 수천 년 전에 몇몇 사람들이 어떤 숲이 그 숲에서 사냥하는 모든 사람의 것이 아니고 어떤 초원이 그 초원에서 소를 방목하는 모든 사람의 것이 아니게 만든 이래로 빈부가 존재한다. 경제활동에서는 늘 **부족한 재화**를 어떻게 분배하느냐가 문제라는 생각을 따른다면, 예전부터 어떤 사람들은 재화를 보다 많이 확보하는 데 성공했던 것이고 어떤 사람들은 적은 재화밖에 얻지 못했던 것이다.

점점 커지는 격차

이미 1,000년 전에 왕이나 귀족들은 재산이 전혀 없는 노예들은 말할 것도 없고 농부나 수공업자들보다도 몇 배나 부유했다. 사정은 유럽이든 아프리카든 아시아든 마찬가지였다. 그러나 현대적 경제활동 방식은 다시 한 번 격차를 현저히 벌려 놨다. 1,000년 전에는 부유한 유럽인들도 자식들이 어떤 바이러스나 세균이 몸에 퍼져 죽어 가는 모습을 속수무책으로 지켜봐야만 했다. 일류 병원이나 비싼 의약품은 부자들도 아주 가난한 농부들과 마찬가지로 구할 수 없었고 유럽이든 아프리카든 남아메리카든 사정은 마찬가지였다.

반면에 오늘날 세계의 부유한 국가들에서는 어떤 아이도 집이 가난하든 부자든 상관없이 단순한 바이러스나 세균 감염으로 죽을 필요가 없다. 만인을 위해 약과 의사가 있다. 제3세계 국가들에서는 사정이 전혀 달라 보인다. 여기에서는 많은 질병이 사형선고나 마찬가지다. 돈이 조금만 있으면 고칠 수 있는 질병들이 말이다. 아프리카나 아시아, 라틴아메리카의 많은 국가들이 겪는 기아와 영양실조가 유럽이나 일본, 미국에서는 더 이상 문제가 아니다.

지금 세상의 부가 1,000년이나 500년 전보다 훨씬 불평등하게 분배되어 있다는 사실은 의료 서비스나 식료품 공급뿐만 아니라 다른 문제를 봐도 알 수 있다. 유럽에서는 거의 모든 가구에 냉장고가 한 대씩 있다. 세계 빈국들에는 냉장고가 있는 집이 소수에 불과하다. "냉장고는 아마 별로 중요하지 않을 거야."라고 말할 수도 있을 것이다. 그렇다면 깨끗한 물은? 유럽, 북아메리카, 일본에 사는 사람들에게는, 가난한 시민들에게도 깨끗한 물이 당연지사다. 가난한 나라에 사는 수백만 명의 사람들은 깨끗한 식수를 이야기로만 들었을 뿐이다. 에티오피아나 캄보디아에서 이상한 곳에 사는 사람은 경우에 따라 몇 시간을 걸어가야 우물에서, 그것도 오염된 우물에서 물을 길을 수 있다. 물 긷는 일은 주로 아이들 몫이다. 그러니 아이들에게 포데나 야긴이 소원했던 대로 공부할 시간은 남아 있지 않은 게 당연하다.

포데와 야긴, 돌아오지 못할 여행을 떠나다

정복의 결과

집집마다 연결된 수도관. 거의 모든 가정마나 있는 자가용. 모든 사람이 이용하는 버스나 지하철. 이런 자동차, 버스, 지하철을 만드는 공장들. 빵, 버터, 소시지, 초콜릿이 대량 생산되는 공장들. 부유한 나라에는 다 있지만 가난한 나라에는 없는 것을 생각해 보면 빈부의 본질적 격차가 어디에 있는지 금방 분명해진다. 오늘날 부국들이 빈국들에 비해 누리는 엄청난 우세는 유럽인들이, 나중에 미국이나 일본도 받아들인 근대 경제를 만들어 낸 순간에 발생했다. 특히 분업과 산업화는 그전까지 유례가 없던 속도로 부를 성장하게 했다 (2장 참조).

아프리카나 아시아, 남아메리카는 이런 발전에 거의 완전히 종속되어 있었다. 이 대륙들의 많은 부분이 대략 16세기부터 점차로 유럽인들에게 정복되어 식민지가 되어 갔기 때문이다. 스페인인, 포르투갈인, 영국인, 프랑스인들은, 또한 이탈리아인, 벨기에인, 네덜란드인, 독일인들도 세상을 무력으로 나눠 가졌다. 아메리카에서는 금과 은을 긁어모았고 아프리카에서는 고무와 야자유를 조달했다. 정복된 나라 주민들은 어디에서나 가난의 구렁텅이에 빠졌다.

식민지들은 유럽인들이 정복하기 전에도 요즘 기준으로 부유하지는 않았다. 그곳 사람들은 대부분 농부나 수공업자였다. 흉작이나 폭풍에 의한 황폐화에 시달리기도 했다. 그러나 그들은 적어도 스스로 경제활동을 했고 생계에 충분한 소득을 올리곤 했다.

식민지가 되면서 상황은 근본적으로 변했다. 런던이나 파리, 리스본에 있는 식민지 통치자들이 옳다고 생각한 방향이 식민지에서 무엇이 생산되고 무엇이 생산되지 않아야 할지, 어떤 식물이 재배되고 어떤 식물이 재배되지 않아야 할지를 결정했다. 사람들 자신이 백만 배는 더 상품 취급을 받았다. 포르투갈인, 프랑스인, 영국인, 네덜란드인들은 특히 아프리카 사람들을 노예로 삼았다.

노예화만이 폭력을 뜻한 것은 아니었다. 식민지화는 모든 면에서 폭력을 의미했다. 라틴아메리카나 아프리카, 아시아 사람들은 전쟁과 고문, 폭행으로 권력을 쟁취한 정복자들에게 지배당했다. 정복자들은 온갖 수단을 써서 자기네 문화를 전파했다. 기독교가 오랜 토착 종교들을 대신했다. 스페인어, 영어, 프랑스어, 포르투갈어가 오랜 토착어를 대신했다.

식민지 역사를 겪은 나라는 거의 모두 이루 형언할 수 없는 폭력의 역사도 겪었다. 이 폭력은 지금까지도 그 사회에 각인되어 있다. 내전과 테러리즘, 범죄가 삶을 좌우하는 곳에서는 폭넓은 국민들을 위한 부를 구축하는 것이 불가능하다. 가난은 재차 폭력의 온상이 된다. 악순환이다.

세계 경제의 오프사이드

이른바 제3세계 국가들이 가난에서 벗어나지 못하는 이유가 한

가지만은 아니다. 예를 들어 에티오피아는 겨우 몇 년 동안만 이탈리아 식민지였다. 그러니 이 나라를 세계 최빈국 중 하나로 만든 것이 식민시 지배자들의 억압만일 수는 없다. 에티오피아는 다른 문제들이 있다. 이 나라의 방대한 지역에서 자연환경이 생존에 적대적이다. 너무 덥고 건조해서 농사를 지어도 수확량이 매우 적다.

에티오피아 같은 나라들을 계속 빈곤에 빠져 있게 하는 또 다른 이유는 그 나라들이 세계 경제순환의 완전한 바깥에 있다는 사실이다. 현대 경제 발전이 그 국가들을 비껴갔다.

유럽, 미국, 일본에서 상품을 어디에 팔 수 있을지 혹은 어디에서 생산할지 고민하는 엔지니어와 경영자들은 세계 여러 나라를 생각한다. '세계화'라는 표어하에 지난 수년간 세계적인 경제 교류는 급속히 가속화했다. 세계화로 누가 더 이득을 보고 누가 덜 보는가에 대해서는 의견이 분분할 수 있다.

한 가지는 확실하다. 세계화는 몇 년 전까지만 해도 제3세계에 속했던 일부 국가들이 급속도로 발전하게 해 주었다. 예를 들어 중국은 반세기 전만 해도 경제력 면에서 세계적 경쟁에서 한참 뒤처져 있었다. 오늘날 이 나라는 미국이나 독일 같은 나라들과 어깨를 나란히 한다.

중국이 지금 세계에 공급하는 상품은 놀라울 정도로 다양하다. 컴퓨터부터 장난감, 돌까지도 수출한다. 돌 얘기는 지어낸 것이 아니다. 몇몇 독일 도시들은 보행자 전용 구역에 까는 포석을 근처 어디에서 구입하지 않는다. 그 돌들은 이제 중국에서 온다. 중국 노동자들이 아주 적은 돈을 받고 뼈 빠지게 일하는 데다 운송비가 매우 낮아서 중국산 도로 포장재는 가장 싼 값을 자랑한다.

그런 형태의 세계화마저도 세계 최빈국들을 비껴간다. 에티오피아나 기니는 전 세계의 생산과 국제무역을 주도하는 사람들의 지도에 실려 있지 않다. 그곳에 사는 사람들은 물건을 살 돈이 없다. 직업교육을 못 받아서 복잡한 기계를 다룰 줄 모른다. 그런 나라들에는 상품을 운송할 제대로 된 도로망이나 철도망도 항구도 없다. 돌처럼 단순한 상품도 운송하지 못한다.

개발 원조가 구제책?

도로, 학교, 공장 건설이 해결책일까? 그러면 문제들이 없어지는가? 최빈국들을 세계화에 참여시켜 천연자원, 농산물, 주민들의 노동력을 세계시장에 판매할 수 있게 하는 것이 해결책일까? 한동안 많은 전문가들이 그럴 거라고 기대했다. 그러나 제3세계의 가난을 퇴치하기 위한 간단한 해결 방안은 없다는 사실이 드러났다. 어떤 경제학자들은 심지어 개발 원조가 문제를 악화시켰다고까지 주장한다.

중앙아프리카 잠비아 출신 경제학자 담비사 모요는 환상을 깨는 결론을 내린다. 모요의 말에 따르면 1970년부터 약 3,000억 달러 [300조원]의 원조금이 아프리카에 제공되었다. 그러나 아프리카 대륙의 1인당 평균 소득은 1970년대보다 지금이 더 낮다고 한다. 그러니까 과거에 행해진 개발원조는 목표를 달성하지 못했다. 유럽, 북아메리카, 일본 등시에서 아프리카에 지원된 수천억이 우선은 부패한 정치인과 경제 지도자들을 부자로 만들었다고 모요는 주장한다.

무엇보다도 개발 원조를 받은 나라들은 모요가 보기에 미성년자 취급을 받았다. 모요가 특히 언짢게 여기는 점은 아일랜드 출신 록 밴드 U2의 보노처럼 북쪽에서 온 대중 음악가들이 아프리카 문제 해결책 모색에 있어서 아프리카 출신 전문가나 정치가들보다 중요한 역할을 한다는 사실이다.

가난한 나라들의 문제 해결책은 이 나라들 스스로가 찾아내야 한다고 주장하는 것은 담비사 모요뿐만은 아니다. 사람들이 자신과 주변이 부유해지도록 노동력을 투입할 수 있게 되어야 할 것이다. 돈이 모든 경제활동의 기반인 경제 질서에서는 이른바 마이크로 크레디트가 올바른 길일 수 있을 것이라고 이 경제학자는 희망한다(자세한 정보는 18장 참조). 다른 학자들은 이른바 기본소득에 희망을 건다(자세한 정보는 17장 참조). 하지만 여기서도 역시 간단한 해결방안은 없다는 원칙이 통용된다.

가난은 결코 제3세계의 문제만은 아니다. 독일처럼 잘사는 나라들에도 가난은 존재한다. 단지 기니나 에티오피아에서와는 다른 얼굴을 하고 있을 뿐이다.

세상의 절반을 어떻게 도울까?

1995년 당시 전 세계 초특급 부자 358명의 재산을 모두 합치면 지구촌 인구의 약 절반에 해당하는 25억 명의 재산과 맞먹는다는 보도가 발표된 적이 있다. 그리고 약 20년이 지난 최근, 영국의 구호단체 옥스팜의 보고서에 따르면, 지구촌 최고 갑부 85명의 재산이 세계 인구의 절반을 이루는 빈곤층 35억 명의 재산을 모두 합친 것과 같다고 한다. 그리고 세계 인구의 약 1퍼센트인 소득 상위 6,000만 명이 전 세계 부의 절반을 차지하고 있다. 20년 전과 비교할 때, 갈수록 전 세계적인 차원의 불평등 내지 양극화가 심해진 셈이다.

그 속에서 빈곤층은 세계적으로 늘어 간다. 세계은행 보고서에 따르면 하루 2달러 미만으로 살아가는 빈곤층이 전 세계 인구의 절반에 육박하는 28억 명이나 된다. 이들은 선진국의 도시 노숙자에서부터 가장 가난한 나라의 농촌 빈민에 이르기까지 세계 곳곳에 흩어져 있다. 이들은 끼니를 굶기가 예사이며, 심지어 어떤 나라에서는 5초마다 어린이 한 명이 굶어 죽는다는 보고도 있다.

많은 연구자에 따르면 절대 빈곤에 시달리는 나라들도 원래부터 가난했던 것은 아니다. 선진 제국주의 나라나 기업들의 식민 정책으로 각종 자원을 빼앗기고 경제 구조가 종속화되어 자립 발전의 기회를 잃어버린 결과가 오늘날의 모습이다. 지금부터라도 이 나라들이 가난에서 벗어날 수 있게 도우려면, 선진국들이 기술적·재정적 지원을 아끼지 않아야 한다. 물론 이러한 지원은 그들이 자립적인 발전을 이루어 나가는 데 실질적 도움이 되는 방향으로 이뤄져야 한다. 다시 말해, 물자를 무작정 지원하거나 선진국을 따라 하게 하는 것이 아니라, 그 나라 민초들이 주체가 되어 그 나름의 속도와 내용으로, 그리고 자립적이고 창의적인 방식으로 발전할 수 있도록 측면 지원하는 방식이 바람직하다. 예를 들어, 헌 옷을 모아서 보내 주는 것이 아니라 그들 스스로 작은 공장에서 옷을 생산할 수 있게 기술과 물자를 지원하는 것이다.

'상대적 빈곤' 모델
또는 자전거를 사려고 매달 55센트를 저금한다는 것

소말리아나 에티오피아 또는 페루에 사는 아이를 상상해 보자. 열 살 난 남동생이 있는 열두 살짜리 소녀가 있다. 소녀의 아버지는 가족을 팽개쳤다. 어머니는 직업이 없다. 이 아이가 가난하다고 우리는 확신할 수 있다. 아이는 십중팔구 쓸 만한 신발도 없을 것이다. 병이 나도 치료해 줄 의사를 찾기가 매우 힘들 것이다. 어머니가 음식을 살 길이 없기 때문에 툭하면 굶을 것이다. 텔레비전, 휴대폰, 영화관, 수영장. 이 모든 것이 소녀에게는 상상도 못 할 사치다. 학교에 가도 기껏해야 몇 년 다니다 말 것이다. 학교 수업은 소녀가 제대로 읽고 쓰는 것을 배우기에도 충분하지 않을 것이다. 모든 것이 턱없이 부족한 사람들을 칭할 때 전문가들은 '절대적 빈곤'이라는 말을 쓴다.

이런 종류의 '절대적 빈곤'을 보고 독일 같은 나라에 사는 사람들도 '가난'하다고 말할 수 있을까? 독일에는 이른바 제3세계에서처럼 정말로 굶주리는 사람은 없다. 의사, 병원, 학교는 모든 사람을 위해 존재한다. 그럼에도 수십만 명의 독일 아이들이 '가난'하다고 여겨진다. 소득이 국민 평균 소득의 절반 이하인 사람을 두고 '상대적 빈곤'에 처해 있다고 전문가들은 말한다. 이런 관점에서 '상대적으로 가난'하다고 여겨지는 사람은 남들한테는 당연한 많은 것을 누릴 수 없기 때문이다. 독일에서 '상대적 빈곤층'에 드는 사람들은 크게 두 부류다. 일을 하지만 수입이 매우 적은 사람들(11장 참조)과 오랫동안 일자리를 구하지 못한 사람들이다.

독일에서 장기간 무직인 사람은 '하르츠 IV'로도 알려진 '실업급여 2'를 받는다. 그 자녀들에게도 이 급여가 지급된다. 무엇보다도 어머니 혼자서 가족을 부양하는 가정의 아이들이 이런 식으로 나라로부터 돈을 받는다. 그런 어머니들은 여러 현실적인 제약 때문에 일자리를 찾기가 특히 힘들기 때문이다. 편모 가정의 경우 열 중 네 가구가 하르츠 IV를 받는다.

대체 왜 하르츠 IV인가?

이 급여의 공식 명칭은 '실업급여 2'Arbeitslosengeld zwei이지만, 약자에 로마자를 붙여 ALG II라고도 흔히 부른다. 하르츠 IV에도 로마자가 들어 있지만 '하르츠 4'Hartz vier라고도 부른다. 명칭의 유래는 다음과 같다.

이 아이는 몇 년을 저금해야 자전거를 살 수 있을까?

2002년 당시 폴크스바겐 그룹 이사였던 페터 하르츠는 독일 정부의 위임을 받아 새로운 법 제정을 위해 다양한 제안을 한 위원회를 이끌었다. 무엇보다도 실업자 관련 규정이 개정되어야 했다. 이 법들은 네 개의 패키지로 나눠졌고 위원장의 이름을 따서 '하르츠 I'부터 '하르츠 IV'까지로 불리게 되었다. 하르츠 I, II, III은 이제 그리 자주 언급되지 않는다. 반면에 하르츠 IV는 수백만 명과 관련이 있다. 이 약자는 1년 넘게 실직 상태인 사람이 국가로부터 받는 돈을 나타낸다. 하르츠 전 위원장은 나중에 크게 몰락했다. 폴크스바겐의 뇌물 스캔들에 연루되었다는 사실이 밝혀진 것이다. 2007년 브라운슈바이크 지방법원은 배임 혐의로 하르츠에게 징역 2년 집행유예를 선고했다.

하르츠 IV 급여는 비록 계속 인상되고 있지만 인상폭은 몇 유로에 불과하다. 2009년 중반부터 14세 이상 아동에게 지급되는 급여가 월 281유로에서 287유로37만원로 인상되었다. 정치가들은 비용을 부담하는 사람들에게 그 이상은 요구할 수 없다고 해명한다. 국가가 하르츠 IV에 지출하는 돈을 다른 쪽에서 거둬들여야 하기 때문이다. 근로소득세를 내는 노동자나 기업세를 내야 하는 회사들로부터 말이다. 정치가와 고용주들은 실업자들이 일을 안 해도 잘살 수 있으면 너도나도 취직을 포기할 것이라고도 주장한다. 독일노조연맹은 2008년 산정된 '하르츠 IV' 월별 급여에서 각 항목별로 얼마가 책정되었는지 조사해 보았다.

'하르츠 IV'가 산정한 항목별 월간 지출액(단위: 유로, 2008년 기준)

지출 항목	13세 이하 아동	14세 이상 아동
식료품	77.71	103.62
의복과 신발	20.90	27.87
주거, 에너지 등	15.74	20.99
(집세 같은 주거비는 별도 지불)		
실내 장식, 가전제품 등	15.05	20.06
보건	7.73	10.31
교통	9.42	12.56
교통 중 자전거 구입	0.41	0.55
통신(전화, 인터넷 등)	18.47	24.62
여가, 오락, 문화	23.96	31.95
여가 중 장난감과 취미	0.78	1.03
여가 중 책과 읽을거리	3.34	4.45
여가 중 문구류, 그림 도구	1.66	2.21
숙박 및 외식 서비스	4.99	6.65
기타 상품 및 서비스	16.34	21.79

출처: 독일노조연맹

간단한 계산 문제를 내 보겠다. 어떤 아이가 매달 55센트715원를 몇 년간 저금해야 자전거를 살 수 있을까? 자전거 가격이 200유로 26만원라면(높게 잡은 게 아니다.) 무려 30년이 걸릴 것이다.

독일 최고 법원인 연방헌법재판소도 2010년에 이렇게 확언했다. "하르츠 IV 급여를 산정하는 방식은 불합리하고 그대로 유지될 수 없다." 하지만 헌법재판관들은 기본 보장 금액이 얼마여야 하는지에 대해서는 아무 말도 하지 않았고 계산 방법만 언급했다. 그 결과 많은 정치가들은 얼른, 하르츠 IV 산정 방법을 바꾼다 하더라도 그게 꼭 급여의 대폭 인상을 의미할 필요는 없다고 밝혔다.

하르츠 IV 법이 제정되었을 때 중심이 된 것은 결코 아이들이 아니었다. 오히려 일자리가 없는 성인을 대상으로 했다. 왜 그렇게 많은 사람들이 직장을 구하지 못하며, 우리 경제제도는 어떻게 실업 문제에 대처하는가. 이 문제들은 별도의 장에서 다룰 가치가 있다.

사회보장제도, 돈이 아니라 철학이 문제다

원래 사회보장제도란 사람들이 인간다운 삶을 사는 데 필요한 물적 자원에 관한 문제를 사회 전체가 공동의 책임을 지고 함께 풀어 나가는 것을 뜻한다. 흔히 쓰는 말로, '사회 공공성을 통해 주거, 육아, 교육, 의료, 노후 문제를 해결하는 것'이다.

사회보장제도가 보호해 주지 않으면 삶을 이어 갈 수 없는 사람들이 있다. 2011년 2월에 30대 작가가 끼니를 잇지 못해 세상을 떠났고, 2014년 2월엔 60대 어머니와 30대 두 딸이 생활고 때문에 세상을 등졌다. 불과 9개월 뒤엔 인천에서 4, 50대 부부와 열두 살 된 딸이 목숨을 끊었다.

바로 이런 문제를 해결하기 위해 여러 선진국들은 이미 1880년대부터, 늦게는 1940년대 이후로 사회보장제도를 갖추기 시작했다. GDP 중 공공사회복지지출이 차지하는 비율도 덴마크, 스웨덴, 프랑스 같은 나라들은 30퍼센트 내외이며, 독일, 영국, 미국도 25퍼센트 내외이다. 그런데 한국은 10퍼센트도 안 된다. 더 중요한 것은, 선진국들이 사회보장제도를 갖춘 시기가 1인당 국민소득이 15,000달러도 안 되었을 때였다는 점이다. 한국은 이미 29,000달러

시대에 접어들었다. 결국, 돈이 부족한 것이 문제가 아니라 개념과
철학의 부재가 문제인 것이다.

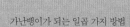

'실업자' 모델
또는 왜 모든 사람이 일자리를 구할 수는 없는가?

이 세상 모든 나라에는 가난해지는 아주 손쉬운 방법이 있다. 일자리가 없는 것이다. 물론 일도 하지 않는데 잘사는 사람들도 아주 많다. 거액을 상속받거나 복권에 당첨되거나 억만장자와 결혼하거나 치밀한 범죄로 부자가 된 사람은 일할 필요가 없다. 하지만 대부분은 일해서 돈을 벌지 않으면 곧 형편이 어려워진다.

안전망 또는 해먹?

잘사는 나라들에는 지나치게 빨리 빈곤의 나락으로 떨어지는 것을 막기 위한 안전장치가 여럿 있다. 독일에서 정상적인 근로계약을 맺으면 자동으로 사회보험료를 내게 된다. 사회보험에는 실업보험

외에도 의료보험, 간병보험, 연금보험, 산재보험이 속한다. 이 보험들은 19세기 말부터 단계적으로 도입되었고 공동 목표를 갖는다. 그 목표란 약 130년 전에 성행했던 상황들이 다시 발생하지 않게 한다는 것이다. 당시에는 일자리를 잃는 것, 병들거나 늙는 것은 독일에서도 대개 깊은 빈곤의 나락으로 떨어지는 것을 의미했기 때문이다.

다른 보험과 전혀 다른 사회보험

이제 거의 모든 것에 대한 보험이 존재한다. 자동차가 나무를 들이받거나 번개가 집을 내리칠 때만 보험금이 지급되는 것은 아니다. 첫눈에는 엉뚱해 보이는 보험도 있는데, 해적 습격에 대비한 보험이 그렇다. 선주들은 해적들이 값비싼 화물을 훔쳐 가거나 몸값을 달라고 협박할 경우에 대비해 이 보험에 든다. 전통적 보험들은 한 가지 공통점을 갖는다. 보험 계약을 하는 사람들은 보험금을 탈 일이 절대 발생하지 않기를 바란다는 것이다. 자동차 운전자들은 일반적으로 사고를 내고 싶어 하지 않는다. 단지 예기치 않게 사고를 당할 때 적어도 돈이라도 받고 싶은 것뿐이다. 그 돈은 역시 보험 계약을 했지만 운이 더 좋은 사람들로부터 나온다. 그런 안전장치에 지불해야 하는 금액은 보험이 피보험자가 유발할 위험을 어느 정도로 평가하는가에 좌우된다. 젊은 운전자들은 나이 든 운전자들보다 자주 사고에 휘말리기 때문에 자동차 보험료를 더 많이 낸다.

사회보험은 다르다. 사회보험에서 피보험자가 내는 보험료는 오로지 소득에만 좌우된다. 일부 사회보험에서는 보험료를 더 많이 낸 사람이 나중에 더 높은 급여를 받는다. 돈을 많이 벌고 그만큼 연금보험료를 많이 불입하면 나중에 더 많은 연금을 받는다. 반면에 의료보험과 간병보험은 이와 다르다. 조금 벌어서 200유로를 내든, 많이 벌어서 500유로를 내든 법정 의료보험에서는 나중에 모든 피보험자들이 똑같은 급여를 받는다. 그렇기 때문에 이 보험은 **연대적** 의료보험이라고도 불린다. 실업보험도 어느 정도 범위 안에서는 연대적이다. 실직할 우려가 거의 없는 사람도 보험료를 내야 하는 것이다. 부담한 보험료의 혜택을 볼 일은 아마 결코 없을지라도. 이와 동시에 일자리가 매우 불안한 사람들이 실직할 위험이 더 크다고 해서 보험료를 더 낼 필요는 전혀 없다. 여기서도 역시 연대 원칙이 적용된다.

지금 독일에서는 해고된다고 해서 당장 빈곤의 나락에 빠지지는 않는다. 실직자는 처음 12개월 동안 전에 받았던 급여의 3분의 2를 받는다. 예를 들어 세후 순임금(세금과 사회보험료를 공제한 금액)이 2,000유로라면 실직자는 고용청으로부터 약 1,650유로를 받는다. 저축한 돈이나 큰 집에 투자한 돈은 일단은 건드릴 필요가 없다.〔우리나라는 최대 240일 동안 1일 최대 43,000원을 받을 수 있다.〕

1년 안에 새 일자리를 구하지 못하면 사정이 달라진다. 그러면 '보통' 실업급여를 받지 못하고 '하르츠 IV'라고도 알려진 '실업급여 2'를 수령한다(9장 참조). 이 급여를 받는 사람은 저축액이나 기타 재산이 얼마나 되는지 아주 세세히 밝혀야 한다. 어쩌면 작은 집으로 이사해야 할지도 모른다. '하르츠 IV'를 지급하는 관청은 집세나 난방비도 부담하지만 한도가 있기 때문이다. 그 밖에도 하르츠 IV 수령자는 매달 음식이나 의복, 기타 일상생활에 필요한 물건을 구입하라고 일정액을 받는다.

'하르츠 IV'가 산정한 항목별 월간 지출액(단위 유로, 2008년 기준)

지출 항목	
식료품 및 담배	129.52
의복과 신발	34.84
주거, 에너지 등	26.24
실내 장식, 가전제품 등	25.08
가전제품 중 세탁기, 건조기, 식기세척기	1.56
보건	12.89
교통	15.70
통신(전화, 인터넷 등)	30.78
여가, 오락, 문화	39.93
숙박 및 외식 서비스	8.31
기타 상품 및 서비스	27.74

출처: 독일노조연맹

여기서도 (이미 9장에서 했듯이) 간단한 계산 문제를 내 보겠다. 하르츠 IV 수령자가 매달 1.56유로2,028원를 몇 년간 저금해야 세탁기를 살 수 있을까? 저렴한 세탁기가 400유로52만원라고 한다면 21년이 걸릴 것이다. 독일의 사회보장을 '해먹'이라고 부르는 사람들이 있다. 하지만 그들 대부분이 하르츠 IV를 한 번도 받아 본 경험이 없는 사람들이다. 받아 본 적이 있다면 이 해먹이 매우 불편할 수 있다는 사실을 알 테니까.

왜 일자리를 찾는 사람이 모두 다 취직하지는 못하는가?

'노동은 빌어먹을 것이다.'라고 **독일무정부주의포고당**APPD은 홈페이지에서 공포하고 있다. APPD는 노동 폐지를 정치적으로 실현하고자 한다. 물론 APPD의 구호는 완전히 진심으로 하는 말은 아니다. 반면에 유급 일자리를 원하지만 구하지 못하는 이 세상 많은 사람들이 안고 있는 문제들은 꽤 심각하다.

이 문제에 대해 많은 경제학자와 고용주들이 제시하는 설명은 다음과 같다. 노동자들은 '노동이라는 상품'—즉 자신의 노동력과 직업 능력—을 '노동시장'이라는 시장에서 판매한다. 노동자들이 노동력에 대해 요구하는 가격—즉 임금—이 너무 높으면 아무도 그들의 노동력을 구매하지 않고, 노동자들은 거리에 나앉게 된다. 이와 동시에 더 적은 임금을 받고 똑같은 일을 할 마음이 있는 다른 노동자들이 충분히 있을 때 특히 더 그런 사태가 발생한다. 누가 자기 노동력의 대가로 임금을 얼마나 요구해도 되는지는 그가 얼마나 생산직인지, 즉 일나나 직업교육을 잘 받았는지 또는 얼마나 숙련되었는지에 달려 있다.

이 말은 논리적으로 들린다. 하지만 거짓 없는 시선으로 현실을 보면 그렇게 간단할 수는 없다는 점을 알아차리게 된다. 전 세계적으로뿐만 아니라 독일 내에서도 일반적으로 평균 임금이 특히 높은 곳이 실업률이 낮기 때문이다. 예를 들어 덴마크는 세계에서 실업자수가 가장 적은 나라 중 하나지만 임금이 가장 높은 나라에도 속한다. 독일에서는 뮌헨과 슈투트가르트 지역의 임금이 다른 곳보다 높다. 이와 동시에 임금이 낮은 다른 지역들, 예를 들어 동유럽 지역들보다 실업자가 훨씬 적다. 그러므로 실업에 대한 진실은 '노동력의대가로 너무 많은 돈을 요구하는 자는 일자리가 없다.'라는 무미건조한 주장보다 훨씬 복잡하다.

실업에 대한 진실은 오히려 다음과 같은 방향으로 나간다. 우리경제는 부단한 생산성 향상을 전제로 한다. 다시 말해서 똑같은 물건을 생산하거나 제공하기 위해 갈수록 적은 노동력이 소요된다는 것이다. 이런 원칙은 먼 옛날 사람들이 손으로 밭을 직접 가는 대신에 소가 쟁기를 끌게 했던 순간에 이미 통용되었다. 19세기 들어 점점 많은 분야에서 기계가 쓰이게 된 순간부터 특히 더 그랬다. 오늘날에도 자동차를 조립할 때건 인터넷으로 콘서트 표를 구입할 때건 여전히 이 원칙이 통용된다. 50년 또는 100년 전만 해도 수백만 명

언제나 문밖에는 일을 찾는 사람이 있다

이 종사했던 분야들에서 더 이상 많은 노동자들이 필요 없게 되었다.

일이 잘 돌아가면 이와 동시에 다른 곳에서 새 일자리가 생긴다. 컴퓨터 프로그램 개발, 교육, 요식업, 환자 간병 등의 분야에서. 하지만 그러려면 끊임없이 새 상품이나 서비스를 고안하는 창의적 두뇌가 필요하고 이런 창의적 두뇌들이 돈을 내고 이 제품들을 구입할 사람을 찾아내는 것이 전제되어야 한다.

주사위는 어떻게 던져지는가?

과거에 수천 명의 사람들이 석탄 채광업에 종사했던 지역에서 마지막 광산이 문을 닫으면 이 지역이 선택할 수 있는 길은 두 가지가 있다. 일이 잘못 풀리면 마지막 광산이 문을 닫은 뒤에 수천 명의 광부들은 실업자가 되어 버린다. 직장이 없으면 곧 전문가를 불러 비싼 TV를 설치하거나 집을 수리하거나 멋진 옷을 사거나 가끔 한 잔하러 가거나 영화 보러 갈 만한 돈이 없어진다. 머지않아 지역 전체가 가난해진다. 실직한 광부들만 빈털터리가 되는 게 아니라 건설업자며 가게 주인이며 술집 주인도 빈털터리가 된다. 마지막 광산이 폐쇄되고 나면 언젠가 마지막 영화관도 문을 닫는다.

일이 잘 풀리면 약삭빠르고 민첩한 몇몇 사람들이 광산이 있던 자리에서 전혀 다른 물건들로 돈을 벌게 된다. 어쩌면 그들은 친환경 에너지 기술을 개발하고 더불어 관련 소프트웨어도 개발할 것이다. 그들이 만든 제품들은 세계적으로 수요가 있다. 그 제품들로 짭짤한 수익을 올리기 때문에 벌어들인 돈을 멋지게 수리한 집에 투자할 수 있고 휴식 시간에 트렌디한 카페에서 캐러멜 마키아토를 큰 컵으로 마시고 저녁에는 웰빙 마사지를 받을 수 있다. 그 지역 광부들만 득을 보는 게 아니라 실내 장식가나 웰빙 스튜디오 운영자, 인기 카페의 웨이터들도 득을 본다. 여기서 언짢은 사실은 "나는 이런 식으로 이 지역을 번영하는 고장으로 바꿀 거야."라고 큰소리칠 만한 단순한 정답은 없다는 사실이다.

환영받는 실업

사장과 고용주 집단을 모욕할 생각은 없지만 이것 한 가지는 틀림없이 분명하다. 사람들을 고용해 일을 시키는 자는 늘 일정한 수의 실업자가 있는 것에 관심이 많다는 점이다. 공장 문밖에 일자리를 원하는 사람이 100명 서 있으면, 공장 안 컨베이어 벨트에서 일하는 사람들은 덜 반항적으로 군다. 청년 실업자 100명이 인턴 자리라도 원한다면(어차피 정규직은 구하지 못하기 때문에) 사장들은 임금을 단 한 푼도 주지 않고 인턴을 쓸 수 있다. 이른바 인턴들이 어쩌면 반년 또는 1년간 일을 제대로 한다 하더라도 마찬가지다. 그러니까 일정 규모의 실업은 우리가 경제활동을 하는 방식에 속한다.

우리 경제활동 방식은 전지전능한 초자연적 존재가 되도록 많은 사람을 되도록 행복하게 하기 위해 창조한 것이 아니기 때문이다. 우리 경제활동 방식은 지난 수천 년, 수백 년에 걸쳐 사람들이 어떻게 돈을 벌 수 있을지 궁리함으로써 발전해 왔다. 그리고 어떻게 돈을 벌어야 할지에 대해 논쟁함으로써.

되도록 많은 이들을 되도록 부유하고 행복하게 만드는 것이 '경제'의 일차적 목적이 아니라는 사실은 실업자들뿐만 아니라 다른 집단의 사람들도 느낀다. 직장이 있지만 그 일로 먹고살 수 없는 사람들 말이다. 영어로는 워킹푸어working poor, 즉 근로빈곤층이라 불리는 이 사람들은 별도로 다룰 가치가 있다.

내 일자리는 어디로 갔을까?

일반적으로는 농업사회가 공업사회로, 또 서비스 사회로 발전하고 경제가 성장하면 일자리가 많아진다. 그런데 성장이 무한하다면 일자리도 무한히 늘겠지만 무한 성장은 가능하지 않다.

우선은 지구 자원에 한계가 있기 때문이다. 재생 불가능한 자원이 갈수록 줄어든다. 이미 석탄이나 가스, 석유를 비롯한 화석연료는 채굴량이 정점을 넘어섰다고 한다. 줄어드는 속도가 갈수록 빨라질 것이다. 다음으로는, 경쟁에서 승리한 자가 더 많은 이윤을 차지하는 자본주의 경제 원리 때문이다. 기업은 인건비를 줄이기 위해 경쟁적으로 일자리를 줄인다. 셋째, 그 연장선으로서 이전까지 사람이 하던 일을 기계나 자동화, 로봇 따위가 대체한다는 점이다. 자동 현금지급기 한 대가 은행 직원 30명 이상의 일을 한다는 보고도 있다. 신기술 분야에 새 일자리가 만들어진다는 주장도 있지만, 그 분야조차 늘어나는 일자리는 많지 않거나 신기술로 대체되기도 한다. 게다가 새로 생기는 일자리의 대부분은 '좋은' 일자리가 아니라 언제 잘릴지 모르는 '나쁜' 일자리일 때가 많다.

일자리가 점점 사라지고 있지만, 만일 우리가 발상을 전환하면 새로운 일이나 일자리를 많이 만들 수 있다. 예를 들어 농사를 유기농으로, 교육을 인간적으로, 건축과 목공을 생태적으로 바꾸어 가는 것이다. 이렇게 농어촌, 도시, 공장, 사무실, 서비스 분야 등을 바꾸어서 사람답게 사는 세상을 만들려면 엄청나게 많은 사람이 필요하다.

궁극적으로는, 경쟁을 통해 이익을 많이 가져가는 자본주의 원리 자체가 바뀌어야 한다. 요컨대 경쟁과 분열이 아니라 연대와 협동의 새로운 경제 원리가 자리를 잡기 시작하는 순간부터 사람이 정말 귀한 세상이 온다. 그렇지 않으면 지금처럼 일도 일자리도 없어지고 마침내 사람이 쓰레기 취급 받는 세상이 우리 모두를 우울하게 만들 것이다.

11

'위킹푸어' 모델
또는 베이비시터 아르바이트비보다
낮은 시급이 존재하는 이유

    어른들에게 제대로 충격을 주고 싶을 때 젊은이들은 장차 어떤 일을 하고 싶으냐는 질문에 "하르츠 수혜자가 될래요."라고 대답한 다. 앞으로 취직할 생각이 전혀 없다는 뜻이다. 그런데 그런 대답을 하는 많은 사람들이 대부분 모르는 사실이 하나 있다. 독일에는 일 을 하는데도 불구하고 하르츠 IV로 알려진 기본 보장을 받는 사람들 이 수십만 명 있다는 것이다.

    일을 하는데도 하르츠 IV 급여 없이는 살 수 없는 사람들을 '추 가수급자'[Aufstocker, 하르츠 IV 급여를 지급해 실업급여보다 낮은 소득을 기본 실업급여 수준으로 올린다(aufstocken)는 의미에서 생긴 신조어]라고 부른다. 이들 중에는 심지어 상근직도 많다. 그러나 그 대가로 받는 임금은 생계를 꾸리기에 부족하다. 시급이 5~6유로6,500~7,800원에 불과한 사람은 대개 집세, 옷값, 식비 등을 낼 만큼 돈을 모으지 못한다. 집에 아이들이 있으면 더 그렇다.

독일에서 시급 5~6유로는 결코 드물지 않다. 뒤셀도르프나 베를린의 고급 주택가에서 학생들이 저녁 때 남의 집에서 TV나 보며 아기를 봐 주고 받는 시간당 수고비를 두고 한 말이 아니다. 대형 세탁소 직원에게 물어보든 정육점에서 일하는 사람이나 원예 회사 직원에게 물어보든 마찬가지다. 많은 분야에 저임금이 존재한다.

노동시간의 가치

어떤 사람들은 5~6유로를 버는 반면 다른 사람들은 15~16유로, 심지어 50~60유로도 버는 일이 어떻게 가능한지 경제학자들에게 물어보면 이렇게 대답할 것이다. "적게 버는 자는 별로 생산적이지 않다." 무슨 말인가 하면 우리 사회에서 큰 가치를 부여하지 않는 일을 하는 자는 노동의 대가로 많은 돈을 받지 못한다는 뜻이다.

그러나 이런 논거는 늘 제자리걸음을 한다. 노동시간의 가치가 꼭 노동 자체와 관련 있는 것은 아니기 때문이다. 병원 청결을 담당하는 청소원이 대단히 생산적이라고 생각할 수도 있을 것이다. 어쨌든 청소부는 병원에서 생명을 구하고 사람들을 치유하는 데 적극적으로 협력한다. 그러므로 그 일이 사실은 가치가 있다고 여겨야 할 것이다. 혹시 청소원이 학교를 제대로 졸업하지 않았다 하더라도.

이와 동시에 무기 공장에서 탱크나 기관총을 조립하는 (역시 학교 졸업장이 없을 법한) 노동자가 사실은 전혀 생산적이지 않다고 생각할 수도 있다. 무기란 결국 무엇보다도 뭔가를 파괴하기 위해 존재하니까 말이다. 예를 들어 독일군이 갖춘 무기가 매우 귀중한 것, 즉 평화를 창조한다고 생각하는 사람들도 꽤 있기는 하다. 하지만 그것이 무기 공장 조립공이 병원 청소부보다 많이 버는 이유는 아니다. 소득 격차가 나는 이유는 여기서도 역시 권력이다.

뭉치면 강해진다. 안 그런가?

사람들이 노동력을 이용해 돈을 아주 조금밖에 벌지 못하면, 주요 원인은 대개 임금 인상을 관철해 내지 못했기 때문이다. 노동자 개인이 완전히 혼자 힘으로 사장과 임금 협상을 해서 시급 14유로를 제안하는 사장에게 18유로를 받아 내려고 하는 경우는 아주 드물다. 대부분은 다른 식으로 흘러간다. 새로 취직하는 사람은 비슷한 일을 하는 다른 사람들도 똑같이 받는 급여를 받는다. 이를 약정 임금이라고 한다. 휴대폰 약정 요금제에서 동일한 서비스 패키지를 선택한 모든 고객이 똑같은 가격을 지불하는 것과 비슷한 원리다.

약정 임금의 기반은 협약, 즉 단체협약이다. 단체협약은 다른 계약들과 한 가지 본질적인 점에서 다르다. 단체협약은 개인이 아니라 집단이 체결한다는 것이다. 한쪽에서는 노동자 집단, 다른 쪽에서는 사용자 집단이. 보다 정확히 말해서 어떤 단체, 즉 노동조합 안에 결합해 있는 노동자들이 대개 마찬가지로 어떤 단체에 속한 사용자들과 협약을 체결한다.

사용자는 단체협약의 의무를 질지 자유롭게 결정할 수 있다. 많은 기업들이 단체협약이 이점이 있다고 생각한다. 이를테면 종업원들과 직접 근로시간과 임금을 협상할 필요가 없다. 그냥 단체협약 내용을 제시하면 된다. 하지만 모든 사용자가 이런 이점을 확신하지는 않는다. 독일 동부에서는 직장인의 약 54퍼센트가 단체협약에 연계된 근로계약을 맺었고, 서부에서는 그 비율이 63퍼센트였다. 그러나 정식으로 단체협약에 구속되지 않은 회사들 중에도 일정 범위에서 단체협약 규정들을 기준으로 삼는 업체들이 많이 있다.

업계 전체에 해당되는 임급협약들 외에 개별 업체들을 위한 협약들도 있다. 대개 폴크스바겐이나 텔레콤, 루프트한자 같은 초대형 기업들이 이런 경우다.

노동조합, 오랜 역사와 불확실한 미래

사람들이 남을 위해 일하는 한, 자신의 근로조건에 자꾸만 불만을 품기 마련이다. 이미 로마제국에서 노예들은 봉기를 되풀이했다. 스파르타쿠스라는 우두머리가 이끌었던 봉기는 많은 책과 영화의 단골 소재가 되었다. 중세에도 농부나 수공업자들은 시시때때로 노동력 제공을 거부했다. 오늘날 우리가 아는 노동조합의 역사는 산업화와 더불어 비로소 시작되었다.

1891년 독일에서는 현재 금속산업노조의 전신인 '독일금속노동자협회'가 설립되었다. 독일제국 당시에는 지배자들이 노동조합을 퇴치했다. 후에 나치 독재 시대에는 자유 노조가 금지되었다. 독일연방공화국(서독)이 건국되면서야 비로소 노동조합들은 기본적 법적 안전장치를 갖게 되었다. 동독에도 역시 노동조합이 있었지만 결코 자유롭지 않았다. 동독 정부는 정부가 어차피 노동자들의 이익을 대변한다고 주장했기 때문에 파업권이 없었다. 오늘날 독일 노동조합들은 일반적으로 모든 경제 분야를 관할한다. 금속산업노조는 금속 및 전기업계 전체를, 광산화학에너지산업노조는 광산업, 화학 및 에너지업계를 관할한다. 대형 노조들은 독일노조연맹DGB이라는 상부 단체에 소속된다. DGB는 파업을 호소할 수 없고, 주로 정치적인 의견을 표명한다. 최근에는 개별 직종들도 노동조합 내에서 따로 조직화했다. 특히 이 직종들이 파업으로 많은 힘을 행사하려 할 때 조종사 노동조합 코크핏이나 병원 고용 의사 노동조합 마르부르크동맹처럼 작은 노조들이 큰 성공을 거둔다. 기독교노조연맹CGB 안에 조직되어 있는 기독교계 노조들도 역시 규모가 작다. 그런데 이 노조들은 권력을 전혀 행사하려 하지 않는다. 파업을 경시한다. 대부분의 업계에서 CGB 산하 노조들은 중요하지 않다. DGB 산하 노조들의 영향력도 줄어들고 있다. 2009년에는 산하 노조원 수가 약 640만 명이었다. 그런데 독일의 취업자 수는 3,000만 명이 넘는다.

집에 있을 권리

독일에서 단체협약은 수천 건으로 늘고 있다. 노동조합들이 기능하면 많은 분야를 맡으려고 하기 때문이다. 그래서 작센 주의 원예업계도, 바이에른 방송의 프리랜서들도 단체협약을 맺는다. 단체협약은 이제 소득과 근로시간뿐만 아니라 견습생 고용이나 어머니들이 받는 급여까지도 규정한다.

거의 모든 분야에서 1~2년에 한 번씩 있는 임금 단체교섭은 거의 항상 언론의 주목을 집중시킨다. 단체교섭에서는 노동조합들이 그들의 가장 강력한 권력 수단인 파업을 이용하는 일이 아주 빈번하기 때문이다.

일반적으로 노동자들은 마음에 들지 않는 일이 있다고 그냥 집에 틀어박힐 수는 없다. 무단결근했다가는 재깍 해고될 수 있다. 규모가 큰 노동쟁의에서는 다른 규칙이 통용된다. 단체교섭이 실패하면 노동조합은 다수가 파업을 찬성하는지 조합원들에게 물을 수 있다. 충분한 수가 파업을 찬성하여 노조가 노동쟁의를 선언하면 종업원들은 일을 중단할 수 있고 사용자는 이를 처벌할 수 없다.

사용자는 파업 기간에 급여를 지불할 필요가 없다. 그 대신 노동조합이 조합원들에게 급여 손실분에 대한 보상금을 지불한다. 파업 보상금은 노조비에서 나가기 때문에 노조원들만 받는다. 이로써 금방 분명해지는 사실은 조합원이 적은 노동조합은 파업을 선언할 수 없으리라는 점이다. 파업에 거의 아무도 참가하지 않을 테니까.

클럽 회원들만을 위한 약정 임금과 약정 근로시간

파업을 조직하고 거기에 농참하는 것은 일반적으로 노동조합원들의 일이다. 그 대가로 노조원들만이 단체교섭 결과에 대해 집행을 요구할 권리가 있다. 예를 들어 어떤 업계에서 월 100유로의 급여 인상이 합의된다면 사용자는 사실상 이 인상분을 노조원들에게만 지불해야 한다. 그들이 함께 사용자의 협상 상대인 단체를 이루기 때문이다.

그러나 실제로는 사용자들이 노동조합과 합의한 임금 인상분을 모든 종업원들에게 지불한다. 그렇게 하지 않으면 혜택을 받지 못한 이들이 한꺼번에 노동조합에 가입해 개선 사항을 누리려고 할 것이기 때문이다. 하지만 대부분의 사용자들은 강한 노동조합을 그다지 반기지 않는다. 그런 까닭에 사실은 노조원들만 받을 권리가 있는 혜택을 전 사원에게 베푼다.

힘의 문제

이것이 '왜 하우프트슐레(Hauptschule, 독일에서 초등 4년 과정을 마치고 가는 5년제 실업학교)를 졸업하고 경비업체나 세탁업체에서 일하는 사람은 역시 하우프트슐레를 졸업하고 폴크스바겐이나 BMW, 아우디에서 일하는 노동자가 버는 돈의 절반이나 3분의 1밖에 못 버는가?'라는 질문에 대한 한 가지 대답이 될 수 있을 것이다. 독일 자동차 산업에서는 관할 노동조합인 금속산업노조가 수십 년 전부터 고임금을 관철할 만한 충분한 힘을 지니고 있다. 앞에서 잠깐 얘기했던 군수산업에서도 노동조합이 강해서 자신만만하게 행동한다. 다른 많은 업계에서 노동자 조직은 이런 힘이 없거나 그사이 힘을 상실했다. 무엇보다도 독일 통일 이후 이 조직들에서 해마다 수천 명씩 회원이 줄고 있기 때문이다. 이런 추이가 어떤 결과를 가져올지는 아직은 불분명하다.

노동조합의 권력 상실이 어떤 결과를 갖는가에 대해 다양한 의견이 있다. 많은 사용자들이 강한 노조가 지나치게 높은 임금을 관철할 것이라고 생각한다. 그 결과 일자리가 줄어든다. 또는 임금이 낮은 다른 나라로 일자리가 이전된다. 하지만 노동자들이 함께 힘을 모아 근로조건 개선을 관철할 권리는 합당한 이유에서 법적으로 보호받아 왔다. 임금이나 근로시간 협상을 개개인에게 일임하면 늘 더 싼 값에 일을 하는 사람이 나타난다. 그러면 결국에는 생계를 꾸릴 수조차 없는 수준의, 시간당 몇 유로에 불과한 임금이 지불될 것이다. 일부 분야에서는 이제 독일에서도 상부 기관에서 이른바 최저임금을 책정할 수 있다. 그렇다고 해도 저임금 일자리는 거의 사라지지 않았다.

노동조합들이 너무 강력하다는 주장을 반박하는 간단한 사실이 있다. 오래전부터 노동자 임금이 국민총소득에서 차지하는 비율이 감소하고 있다. 반면에 자본소득이나 이자소득이 증가하고 있다. 그

러니까 돈의 소유에서 오는 힘은 임금 인상을 관철하는 노동자의 힘
보다 여전히 훨씬 큰 것이 분명하다.

12

'잘못된 질병' 모델
또는 왜 의료보험이 있는데도
질병이 가난을 부르는가?

소피아는 열세 살이지만 말하지도 걷지도 못하고 심지어 먹지도 못한다. 소피아는 7년 전부터 이른바 각성혼수 상태이다. 초등학교에 입학하고 얼마 안 되어 소피아의 뇌가 지금으로서는 정체를 알수 없는 병에 걸렸다. "악몽 그 자체, 정말이지 반 시간도 버티지 못하는 상황"이라고 소피아 엄마는 말한다. 소피아는 집에서 하루에 열일곱 시간 간병인의 보살핌을 받는다. 나머지 일곱 시간은 부모가 돌본다. 소피아 부모는 둘 다 직장에 다니고 돌보아야 할 자식이 하나 더 있다.

이것으로 충분하지 않다는 듯이 소피아 부모는 하마터면 깊은 가난의 수렁으로 떨어질 뻔했다. 간병인 고용비로 월 2,700유로 351만원를 자기 돈으로 부담해야 한다는 것이었다. 독일 사회복지제도는 많은 것을 지불하지만 결코 모든 것을 다 지불하지는 않기 때문이다. 의료보험조합은 소피아 부모에게 사회복지청에 당장 연락하라고 권했다. 그랬더라면 금전적인 면에서도 그때까지 아주 평범했던 가족의 삶은 끝났을 것이나. 가족은 사회복지청의 수낭과 허가에 의존해야 했을 것이다.

독일이 앞서 있는가?

"독일의 보건제도는 세계 최고 수준이다." 모든 정당의 정치가들이 거듭해서 이런 말을 한다. 심지어 그들은 독일 의료 서비스가 세계 최고라고도 주장한다. 독일의 상황이 다른 나라들과 비교해 좋다는 것을 뒷받침하는 사실이 몇 가지 있다. 독일에는 세계 어느 곳보다 의사와 병원이 많다. 모든 피보험자가 수만 유로나 되는 수술을 받을 수 있다. 약이 필요하면 대개는 얻는다. 가장 비싼 의약품의 경우에는 1년에 50만 유로를 내야 할 수도 있지만(3장 참조). 독일에서 대다수 노동자 자녀들은 이 세상 많은 아이들이 꿈밖에 꿀 수 없는 식으로 보장받는다. 부모가 법정 의료보험료를 내면 자녀 몫은 따로 내지 않는다. 어른들에게는 일반적인 자기부담금을 아이들은 낼 필요가 없다.

질병으로 가난의 수렁에 빠진 사람들

'많다'는 것이 '전부'를 의미하지는 않는다

독일 의료보험도 잘 구비되어 있다. 하지만 모든 비용을 다 대는 황금 당나귀[주문을 말하면 몸에서 금덩이가 나오는 그림동화 속 당나귀]는 결코 아니다. 노동자들이 임금에서 떼어서 보험조합에 내는 보험료를 마음대로 올릴 수는 없기 때문이다. 세전 총임금 100유로를 받는 직장인들은 고용주와 공동으로 약 15유로를 의료보험료로 낸다.[우리나라는 고용주와 공동으로 임금의 6.07퍼센트를 낸다.] 여기에 연금·실업·간병보험료가 추가된다. 이 보험들이 함께 법정 사회보험을 이룬다. 노동자들은 대부분 세금도 내야 한다. 그 결과 임금 명세서에 적힌 100유로 중에 결국 40유로 내지 45유로만이 남는다.

사회보험과 세금 공제액이 너무 많다고 생각할지, 아니면 시민들이 국가와 사회보험으로 누리는 광범위한 반대급부에 대한 대가로 지불하기에는 적은 금액이라고 여길지는 견해의 문제다. 어쨌든 정치가들과 대부분의 보험조합 이사회들 사이에서는 공과금 인상이 좋은 생각이 아니라는 의견이 지지를 얻었다.

그런 까닭에 수십 년 전부터 보건 정책가들은 이른바 비용 억제를 위해 노력하고 있다. 병원, 의사, 약제에 드는 비용을 지불하지 못하게 되는 일이 없도록 수많은 규정을 고안하였다. '의료 개혁'이라는 이름이 붙은 법안들이 주기적으로 채택된다. 정치가들이 끊임없이 보건제도를 손보고 "이제 우리는 완벽한 해결 방안을 찾았습니다."라고 결코 선언하지 못하는 데는 나름대로 이유가 있다.

질병은 소비가 아니다

보건제도를 살펴보면, 시장의 힘이 여러 분야에서 아주 좋은 결과를 내고 있는지도 모르지만 질병과 관련해서는 시장이라는 기계가 몹시 삐걱거린다는 사실이 드러난다. 환자들은 "아, 암 수술은 관둘래요. 가격 대비 효율이 별로예요."라는 식으로 스스럼없이 결정을 내리는 고객이 아니다. 다른 한편으로 의료계에는 영리를 추구하는 기업가들이 아주 많다. 개업 의사들과 약사들은 소기업가다. 많은 병원들이 개인이나 주식회사 소유다. 의약품 제조는 완전히 사기업들의 수중에 있고, 그중에는 대단히 야심만만한 대기업들이 여럿 있다.

이 모든 회사와 개인 사업자들은 돈을 되도록 많이 벌고 싶어 한다. 이와 동시에 의료보험조합들은 보건의료 기업가들의 이윤 추구를 억제하려고 시도한다. 병원, 제약업계, 의사들의 매출은 뒤집어 보면 의료보험조합들의 지출이기 때문이다.

모든 사기업보다 훨씬 중요한 공공경제

'경제는 경제 안에서 만들어진다.'라는 말이 있다. 이 말은 '경제적 번영은 사기업과 사기업가들이 담당한다.'라는 뜻일 것이다. 그러나 사실, 경제활동은 상당 부분 국가의 재정적 지원을 받는다. 도로나 학교, 대학교 건설비,

경찰이나 교사 봉급은 국가가 책임져야 한다. 나라에서 규정을 정하는 사회보험도 경제활동에서 비중 있는 역할을 한다. 사회보험은 연금과 보건제도에서 조 단위의 숫자를 움직이기 때문이다. 이런 '정부 지출 비율'은 지난번에 전체 경제 산출량의 약 44퍼센트를 차지했다. 한때 수치가 49퍼센트를 넘은 적도 있었다. 독일의 부는 거의 절반이 공공기관에서 운영하는 돈에 달려 있는 것이다. 그런데 세계적으로 비교해 보면 독일도 결코 최고 수준은 아니다. 대부분의 유럽 국가들은 정부 지출 비율을 높이는 것이 옳은 길이라고 생각한다.

여기에서는 몇 가지가 충돌한다. 가능한 한 많은 매출을 올리고 싶어 하는 기업들. 이들의 매출에 돈을 지불해야 하면서도 거기에 저항하는 보험조합들. 기업과 보험조합이 함께 링에 오를 때 한편으로는 기업에게, 다른 한편으로는 보험조합에게 규칙을 정해 주는 정치. 두 전선 사이에는 환자들이 서 있다.

독일인의 약 10분의 1을 책임지고 있는 민영 보험사들도 돈을 펑펑 지출하지는 않는다. 비록 의사들이 민영 보험사가 더 통이 크다고 종종 말하곤 하지만, 민영 보험사는 법정 보험조합보다 지출이 빨리 늘어난다. 그렇기 때문에 민영 보험사도 여러 면에서 법정 조합들과 더 비슷해지려고 노력한다.

장기 공사장

환자 치료와 시장 규칙은 많은 면에서 서로 어울리지 않는다. 비록 정치는 전체를 '어울리게 만들기' 위해 계속 노력하지만 그런 노력은 결코 궁극적으로 성공할 수 없다. 그 결과 많은 관계자들의 불만이 늘어 간다. 의사들은 자기들이 비용 억제 조치의 피해자라며 자꾸만 항의한다. 환자들도 보건제도라는 기계가 삐걱거리는 소리를 불쾌하게 느끼게 된다.

소피아의 경우에 관할 의료보험조합은 현행법에 따라 중병에 걸린 이 소녀의 간병 비용 중에 약 4분의 3만 부담해야 한다고 말했다. 나머지는 소피아 부모가 직접 부담해야 한다는 것이었다. 공공 의료보험에서 부담하는 비용과 부담하지 않는 비용은—이미 이름이 말해 주듯이—법으로 정해져 있다. 그 법이 올바로 적용되는지는 법원에서 검토할 수 있다.

소피아 부모는 월 2,700유로를 스스로 부담해야 한다는 사실을 납득하지 못해서 의료보험조합을 고소했다. 법원은 소피아 부모의 손을 들어 줬다. 변호사와 함께 법원에서 씨름하는 동안 소피아 부모는 성공을 거두지 못한 다른 가족들도 알게 되었다. 그 가족들은 중병에 걸린 아이가 있으며 재정적으로 파멸했다.

세계 최고라는 사회 복지망의 그물코 사이로 중병에 걸린 사람이 미끄러질 가능성은 많이 있다. 암에 걸린 싱글맘 판매원이 그런 예다. 장기간 노동 불능 상태인 사람들이 받는 질병수당은 마지막

소득의 70퍼센트다. 그러나―이 판매원처럼―임금으로 입에 겨우 풀칠하는 사람은 나머지 30퍼센트를 간단히 포기할 수 없다. 두 아이의 아비지이며 뇌졸중 환자인 42세 남자의 경우도 실펴보자. 그는 외벌이로 수입이 꽤 괜찮았다. 그래서 아내는 일을 그만두고 가사를 돌보았다. 남편이 병이 나 일을 못 하게 되면서 가계소득이 대폭 줄었지만 아내는 새 직장을 구하지 못했다. 가족은 몰락했다.

그러니까 독일 사회복지제도는 게으름뱅이의 천국이 아니다. 연금도 마찬가지다. 이 문제는 별도의 장에서 다룰 가치가 있다.

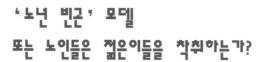

'노년 빈곤' 모델
또는 노인들은 젊은이들을 착취하는가?

약 2,000억 유로260조원. 독일 법정 연금보험이 매년 지불하는 액수다. 숫자로 나타내면 200,000,000,000유로다. 그런데도 형편이 안 좋은 연금생활자가 있을 수 있는가?

473유로61만원. 2008년 독일 서부 여성들이 받은 법정 노령연금의 평균 액수다. 평균값에는 그보다 조금 더 많이 받는 연금생활자들도 포함되었다. 물론 평균 이하인 연금생활자들도 계산에 들어 있다. 이런 사람들에게는 돈이 부족하다.

그렇다면 독일 연금생활자들은 가난한가? 틀림없이 그렇지 않다. 현재 65세나 75세 독일인들은 평균적으로 50년 전이나 100년 전 동년배들은 꿈도 못 꿨을 만큼 윤택하게 생활한다. 19세기에는 대부분의 사람들이 건강이 허락할 때까지 일했다. 아주 건강한 몸으로 은퇴해 발코니에 제라늄을 키우거나 노르딕 워킹 스틱을 짚으며

마요르카 섬을 하이킹하는 것은 예전에는 상상도 못할 일이었다. 하지만 현재 많은 연금생활자들이 바로 그런 삶을 영위할 수 있다. 무엇보다도 법적으로 정해진 노령연금 외에 직장에서 받는 퇴직연금이나 개인적 투자 수익 등 다른 수입이 있을 경우에는.

그러나 지중해를 바라보며 상그리아 잔을 들고 건배하는 햇볕에 그을린 연장자들이란 이미지는 진실의 일부분에 불과하다. 사실 연금생활자의 **전형**은 없다. 오히려 독일 연금생활자들은 세 부류로 나눌 수 있다. 한 부류는 금전적으로 형편이 정말 좋다. 두 번째 부류는 그럭저럭 먹고산다. 세 번째 부류는 동전 한 푼도 아껴 쓰거나 젊은 사람들이 받는 '하르츠 IV' 급여에 해당하는 국가의 기본보장에 의존하고 있다(9, 10장 참조).

가졌던 자가 받는다

여기서는 은퇴 전에 경제 사정이 좋은 사람이 연금생활자가 되어도 대개 형편이 좋다는 규칙이 통용된다. 법정 연금 액수는 젊을 때 불입하는 보험료 액수를 기준으로 하기 때문이다. 연금보험료는 소득의 일정 퍼센티지를 차지하기 때문에 많이 벌수록 많이 낸다. 그만큼 나중에 연금을 많이 받는다. 법적으로 가능한 최장 기간인 45년 동안 최고 보험료를 납부한 사람은 2009년 기준으로 월 2135.90유로277만원의 법정 연금을 받을 수 있었다. 이 금액은 연금생활자들이 받는 평균액의 몇 배나 된다. 평균 연금에는 낮은 연금도 많이 포함되어 있다.

그러니까 일할 때 많이 가졌던 자가 나이 들어서도 많이 받는다. 여기서 연금보험은 법정 의료보험과 구별된다. 의료보험의 경우 피보험자는 역시 소득에 따라 상이한 보험료를 내지만 급여는 모든 법정 피보험자에게 동일하다.

오전에 벌고 오후에 쓴다

사회보험에는 특수성이 있다. 오늘 어떤 노동자가 이를테면 소득 중 400유로를 연금보험 조합에 납부하면, 나중에 찾아 쓸 수 있도록 그 노동자 명의로 된 계좌에 돈이 적립되는 것이 결코 아니다. 그 노동자가 낸 400유로는 다른 노동자 두 명이 낸 800유로와 합쳐진다. 그리고 나서 월 1,200유로의 연금을 받을 권리가 있는 연금생활자 한 사람에게 곧바로 지급된다.

그러니까 현재 연금생활자들은 그들이 아직 일을 했던 20, 30년 전에 당시 연금생활자들에게 돈을 대 줬던 것이다. 반대로 지금은 현재 취업자들이 현재 연금생활자들에게 돈을 대 준다. 이런 부과 방식은 나름대로 장점이 있다. 주가 추이나 금리 같은 문제에 법정 연금보험은 별로 흥미를 갖지 않는다. 반면에 많은 연금이 증권을 기반으로 하는 미국에서는 수백만 명의 사람들이 자신이 받을 노령

연금이 바람대로 흘러가고 있는지 확실히 알지 못한 채 살아간다.

'인구학적 폭탄' 위에서의 삶?

"연금은 안전하다." 노르베르크 블림 전 노동사회부 장관은 독일 연금제도가 유리하다는 사실을 입증하려고 이 표어를 손수 광고 기둥에 붙였다. 덕분에 블림과 그의 후임자들은 많은 조롱을 들어야 했다. 연금제도에는 문제도 있기 때문이다. 생산 가능 연령층의 세 사람이 각각 400유로를 불입하기 때문에 1,200유로를 받는 연금 생활자의 예는 일하는 젊은이 세 명이 실재할 때만 가능하다. 실업자가 많아지면 연금보험은 위태로워진다. 연금보험조합에 별로 수입이 되지 않는 여러 저임금 일자리를 전전하는 가입자가 점점 늘어날 때도 문제가 생긴다. 어떤 나라에서 일할 나이의 사람들이 점점 주는 동시에 연금을 타는 사람들은 점점 늘어날 때 연금보험은 특히 큰 문제를 안게 된다.

정치가들과 경제학자들은 '인구학적 시한폭탄' 또는 '인구학적 쓰나미'를 되풀이해서 경고한다. 인구학─인구 발달을 연구하는 학문─은 꽤 가차 없는 결과를 제시하기 때문이다. 어떤 계산 결과에 따르면 2030년 독일에는 65세 이상 노인 한 명당 20~64세─일반적인 취업자 연령─성인이 두 명밖에 없을 것이다. 2009년만 해도 이 비율이 1:3 정도였다. 1955년에는 약 1:5였다.

고령화 사회, 누가 밀고 나갈 것인가?

이 비율이 점점 줄어든 것은 사람들이 갈수록 오래 살기 때문이다. 2008년 독일에서 태어난 여자아이들은 통계적으로 보아 평균 82.4세까지 산다고 기대할 수 있다. 남자아이들의 경우에는 기대수명이 77.2세다. 1950년 무렵 출생한 사람들의 기대수명보다 10년 이상 길다. 그런데 훨씬 더 심각한 문제는 아이를 낳는 것(특히 아이를 많이 낳는 것)이 독일에서 더 이상 별로 인기가 없다는 사실이다. 여성 100명이 평균 140명의 아이를 낳는다. 노인과 청년의 비율이 계속 어느 정도 일정하려면 여성 100명당 아이 수가 약 200명이 되어야 한다. 알다시피 남자들은 아이를 낳을 수 없기 때문에 여자들이 이 일을 남자들 대신에, 말하자면 맡아 해야 하기 때문이다.

인구학은 이 문제에서 이중으로 가차 없다. 한 나라에서 연령 구조의 균형을 유지하기 위해 필요한 수보다 적은 수의 아이들이 한동안 태어나면 나중에도 그 결과가 미친다. 1990년에 태어나지 **않은** 여자아이들은 2010년부터 2030년까지 자기가—이제 성인 여성으로서—아이를 낳을지 말지 당연히 고민해 볼 수 없다. 존재조차 하지 않기 때문이다.

다른 길도 있을 것이다

'인구학적 폭탄'을 경고한 사람들의 말이 옳은 건가? 현재 15세, 25세 또는 35세인 사람들은 편안한 은퇴 생활에 대한 희망을 완전히 포기해야 할까? 대답은 이렇다. 아마 그 정도로 나빠지지는 않을 것이다. 부유한 나라는 자국의 연금생활자들을 어느 정도 부유하게 살게 할 능력도 있을 것이다. 만약 그럴 의도가 있다면.

금전적으로 웬만큼 걱정 없는 노년을 보낼 전망이 가장 큰 자들은 무엇보다도 일하는 동안에 이미 형편이 좋은 사람들이다. 반면에 젊어서 노후 대비를 하지 못한 사람은 늙어서 고생할 것이다.

재산의 반대, 즉 빚이 있는 사람들은 형편이 더욱 나쁘다. 부채의 덫에 빠지는 길은 많이 있다. 그러나 이 덫에서 빠져나오는 길은 별로 없다. 이 문제도 별도의 장에서 다룰 가치가 있다.

노인은 늘고 아이는 줄고…… 세상은 누가 지키나?

　　현재 한국 남녀의 평균 수명은 약 80세라고 한다. 하지만 갈수록 수명이 길어져 머잖아 '100세 시대'가 열릴 것이라는 예측이 많다. 일반적으로 총인구 중 65세 이상의 인구가 7퍼센트가 넘으면 고령화 사회 또는 노령화 사회, 14퍼센트 이상이면 고령사회, 20퍼센트 이상이면 초고령 사회라고 한다. 한국은 2000년에 이미 노령 인구가 7.1퍼센트로 고령화 사회로 접어들었다. 통계청에 따르면 고령 사회는 2018년(14.3퍼센트), 초고령 사회는 2026년(20.8퍼센트)에 도달할 전망이다.

　　이처럼 급속한 한국의 고령화는 평균 수명이 느는 데 반해 출산율은 급락하고 있기 때문이다. 통계청 자료에 따르면 2013년 한국의 합계출산율은 1.187명으로 세계 최저 수준이다. 이는 한 여성이 평생 낳을 것으로 예상되는 평균 출생아 수가 1.187명에 불과하다는 뜻이다.

　　고령화 사회에서는 노동력은 상대적으로 줄어들지만 부양해야 할 노령 인구는 증가함으로써, 노인 빈곤 문제나 노인의 건강 및 돌봄 문제 등이 사회적 과제로 잇달아 등장한다. 게다가 무한 경쟁과 개인주의가 강해지면서 노인에 대한 공경심이나 공동체적 관계망은 약화된다. 고립감과 외로움, 우울증에 시달리는 노인이 갈수록 늘어날 수밖에 없다.

14

'부채의 덫' 모델
또는 어떻게 어떤 사람들은
남의 곤경 덕분에 돈을 잘 버는가?

신문 헤드라인은 늘 절묘하다. "15세 소년, 휴대폰 빚이 1만 유로." 실제로 채무 상담사들은 수중에 있는 돈보다 수천 유로를 더 지출하는 젊은이들을 자꾸 상대하게 된다. 그러나 독일의 과중 채무자들—아무리 노력해도 더 이상 빚을 청산할 수 없는 사람들—은 대부분 다른 식으로 빚더미에 올랐다.

예를 들어 혼자 두 아이를 키우는 여성을 보자. 그녀는 비서직에서 해고되고 얼마 동안은 어느 정도 이전과 다름없이 생활했다. 곧 다시 취직이 되리라고 생각했던 것이다. 계속해서 집세를 내고 제대로 된 음식을 식탁에 올리고 자동차도 유지하기 위해 그녀는 빚을 졌다. 먼저 한 은행에서 몇천 유로를 대출받았다. 이어서 다른 은행에서도 대출을 받았다. 통신판매 업체에서 물건을 주문하고 당장 대금을 지불하는 대신 할부 지불을 약속했다. 친구들에게 돈을 빌렸다.

하지만 새 직장은 구하지 못했다. 동시에 부채는 꾸준히 늘었다. 빚은 금방 3만 유로로 늘었고, 거기에 매달 몇백 유로씩 새로 빚을 졌다. 새로 돈을 빌릴 때마다 이자를 지불할 의무가 생기기 때문이다. 모든 과중 채무자들의 약 30퍼센트가 이런 식으로, 즉 실업으로 인해 부채의 덫에 빠졌다.

또는 자기 회사를 차리는 것이 좋은 아이디어라고 생각한 노인 간병인의 예도 있다. 간병이 필요한 사람이 점점 많아진다는 글을 어디에서나 읽을 수 있다. 그래서 그는 동료를 열두 명 고용해서 간병 서비스업체를 차렸다. 직원들에게는 자기가 정당한 임금이라고 여기는 액수를 지불했다. 하지만 얼마 후 임금과 운영 비용이 수입보다 훨씬 많다는 사실을 깨달았다. 회사 문을 닫았을 때 그는 15만 유로의 빚더미에 올라 있었다. 과중한 부담으로 인한 근심 때문에 결혼 생활은 파탄이 났다. 통계에 따르면 과중 채무자들의 약 10퍼센트는 '사업 실패'가 원인이다. 13퍼센트는 '별거, 이혼, 배우자 사망'이 원인이다.

출구가 없는 수백만 명의 사람들

독일에 빚을 갚을 능력이 없는 사람들이 얼마나 되는지에 대해서는 추정치밖에 없다. 부채의 덫에 빠져 있는 사람들은 부모가 과중 채무자인 아이들까지 포함해 600~700만 명 정도로 추정된다.

그 결과는 많은 은행들의 멋진 광고 문구와는 별로 상관이 없다.

과중 채무자라는 것은 돈을 돌려받기를 원하는 채권자들에게 끊임없이 재촉당한다는 뜻이다. 채권자들이 임금에 식섭 손을 대기 때문에, 즉 임금을 차압하기 때문에 상사와 문제가 생길 수 있다. 법원 집행관이 불시에 방문해 경매로 팔릴 만한 물건을 골라 갈 수 있다.

채권자가 임금에 손을 대면 채무자는 결국 월 990유로만 받을 수도 있다. 집세와 식비, 옷값, 기타 비용을 내는 돈으로. '하르츠 IV'와의 차이(9, 10장 참조)는 크지 않다.

누가 이익을 보는가?

독일에서 약 700만 명이 부채의 덫에 빠져 있다면, 그것으로 누가 득을 보는가? 과중 채무자들은 분명코 아니다. 처음에 그들은 빌린 돈으로 뭔가를 살 수 있다. 하지만 빚을 갚을 수 없게 되자마자 경제적으로 숨통이 죄어 온다. 그리고 수중에 가진 것보다 많은 돈을 쓰려고 하는 자는 그 돈을 빌려주는 사람에게 이자를 지불해야 한다.

여기, 차를 사려고 3,000유로를 빌린 타일공처럼 말이다. 월 69유로의 할부금은 유혹적일 정도로 저렴해 보였다. 하지만 할부금을 6년 동안 지불해야 했다. 다시 말해서 3,000유로를 빌린 대가로 결국 5,000유로를 갚아야 했던 것이다. 그러면 은행은 약 12퍼센트

빚더미, 벗어날 길이 없다

의 이자를 챙겼을 것이다.

그러나 그러지 못했다. 타일공은 몇 달이 지나자 채무를 더 이상 갚지 못했다. 그럼에도 그에게 논을 빌려줬던 은행은 전체적으로 짭짤한 수익을 올린다. 일부 사람들이 빚을 갚지 않는 것을 미리 셈에 넣기 때문이다. 은행이 앞에서 말한 타일공 같은 고객 100명에게 5,000유로를 갚는 조건으로 3,000유로씩 빌려준다면 은행은 다음과 같이 계산할 수 있다. 고객 100명 중에 5명이 빚을 갚지 않는다면 (은행업계의 경험에 따르면 비교적 높게 잡은 수치다.) 1만 5,000유로를 손해 볼 것이다. 하지만 나머지 고객 95명으로부터 은행은 약 19만 유로의 이자를 거둬들인다. 과중 채무자들 때문에 손해 본 1만 5,000유로를 빼도 17만 5,000유로가 남는다. 거기서 다시 은행의 행정 비용과 은행이 돈을 빌리기 위해 다른 기관에 지불하는 이자를 빼야 하긴 하지만, 결과적으로 어떤 경우에도 상당한 이익이 남는다.

은행들은 다른 사람들의 부채로 돈을 벌 수 있는 다른 정교한 방법을 여럿 개발했다. 많은 금융 전문가들이 그런 식으로 억만장자가 되었다(7장 참조). 과중 채무자들을 보면 신용과 이자라는 마법 같은 발명이 양면성을 지녔다는 사실이 드러난다. 라틴어 단어 'credere'〔믿다〕에서 유래한 신용credit은 사람들이 새로운 것을 창출할 수 있게 해 준다. 그들이 자기를 믿고 계획 실행을 위한 돈을 빌려줄 사람들을 발견하는 경우에는 말이다. 대개는 이자를 받고 빌려준다. 그러나 신용거래와 그와 결부된 이자는 이미 많이 가진 자들이 더 많이 얻게 해 주는 거대한 진공청소기 같은 존재이기도 하다.

이 진공청소기는 조금밖에 가지지 못한 많은 이들이 결국 더 적게 갖게 만든다(5장 참조).

다른 길은 있을 수 없는가라는 문제는 한 장에 다루기에는 부족할 것이다. 그래서 일곱 장에 걸쳐 이 문제를 다루려고 한다.

빚 권하는 사회

은행은 다양한 얼굴을 가지고 있다. 우리가 저축을 하면 원금에 이자를 붙여 주는 고마운 존재이지만, 빌린 돈을 잘 갚지 못하면 집이고 땅이고 모두 뺏어 가는 고약한 존재이기도 하다. 그런데 저축한 돈에 이자까지 붙여 주는 것도 따지고 보면 우리 돈을 이용해 더 많은 돈을 번 다음에 그중 일부만 돌려주는 것에 불과하다. 한마디로 은행이 자선 사업가가 아니란 말이다.

은행이 그렇게만 돈을 벌면 차라리 괜찮다. 알고 보면 은행은 우리가 저축한 돈의 10배에서 15배나 되는 돈으로 돈놀이를 한다. 이것이 가능한 까닭은 은행이 개인이나 회사에 돈을 빌려줄 때 모두 현찰로 주는 건 아니기 때문이다. 대개는 통장에 숫자만 찍어 주거나 수표에 숫자만 적어 줄 뿐이다. 이렇게 실제로 가진 돈보다 10배 이상의 돈을 빌려주는 것을 흔히 '신용 창조'라고 한다. 만약 모든 사람들이 현찰로 돈을 빌려 달라고 하거나, 아니면 저축한 사람들이 한꺼번에 몰려들어 돈을 돌려 달라고 하면 은행은 파산할 것이다.

영화 『김씨 표류기』의 앞부분에는 신용불량에 빠져서 마침내 삶을 포기하는 한 직장인의 이야기가 나온다. 신용카드 시대가 열리면서 소비를 조장하는 풍조가 더욱 빠르게 확산되었고, 자신의 소득은 생각하지도 않고 '좀 있어 보이기 위해' 은행 돈을 예사로 빌려 쓰는 사람들도 나오게 되었다. 심지어 '현금 서비스'는 현금인출기에 신용카드만 넣으면 곧바로 돈이 나온다. 반면에 이자는 매우 높아서 하루가 다르게 빚이 불어난다.

사실, 소득이 많지 않더라도 돈 쓸 일은 참 많다. 그렇다 보니 누구나 한 번쯤은 은행에서 돈을 빌리거나 빌릴 생각을 해 보게 된다. 여기저기서 신용카드를 닥치는 대로 만드는 사람도 많다. 그리고 일부는 이 카드 대금을 갚기 위해 저 카드로 빚을 내고, 저 카드 빚을 메우기 위해 또 다른 카드로 빚을 낸다. 이른바 '돌려막기'다. 그러다 보면 빚은 눈덩이처럼 불어나고, 그 와중에 실직이라도 하면 마침내 돈을 전혀 갚을 수 없는 상태, 즉 신용불량자가 되고 만다.

2014년 10월 말 현재 우리나라 신용불량자는 320만 명이라고 한다. 개인파산 또는 개인회생 제도를 통해 이들의 자립을 돕기도 하지만 구제되는 이는 그 수에 비하면 너무 적다. 신용불량에 빠진다고 해서 당장 감옥에 가지는 않지만 본인 앞으로 등록된 모든 재산은 압류되거나 경매로 넘어가고 정상적인 경제활동과 일상생활은 거의 불가능해진다.

물론 신용불량자 중에는 사고나 질병, 사업 부진이나 실직 등으로 인해 본인의 노력에도 불구하고 빚더미에 올라앉는 경우도 많다. 사회보장제도가 제대로 갖추어진다면 수많은 선의의 신용불량자를 구제할 수 있을 것이다.

3부

함께 잘사는 일곱 가지 방법

15

'사회주의' 모델
또는 사유재산 폐지, 과연 가능한가?

먹을 것이 부족한 10억 명의 사람들. 가장 부유한 나라들에서도 볼 수 있는 돈과 재산의 불공정한 분배. 일에서 기쁨을 얻지 못하고 좌절하거나 심지어 일 때문에 병이 나는, 수십 억은 아닐지라도, 수억 명은 되는 사람들. 언젠가 무시무시한 붕괴를 초래할지도 모르는, 자연에 가해지는 부담들. 오늘날 인류의 경제활동을 결산해 보면 수많은 마이너스 포인트가 쌓인다.

어떤 다른 길이 있을까? 약 160년 전에 카를 마르크스와 프리드리히 엥겔스는 『공산당 선언』에서 한 가지 답을 제시했다. 바로 사유재산 폐지다. 공장이나 상점, 화물차들을 소수의 사람들이 소유하지 않고 폭넓은 민중이 소유하게 된다면 더 공정해질 것이라고 마르크스와 그의 추종자들은 주장했다. 그러면 전체적으로 부가 늘어나고 사람들은 기꺼이 일을 할 것이라고 했다. 마르크스와 엥겔스는 소수가 점점 많은 이윤을 쌓는 동안 나머지는 그 이윤을 위해 일해야 하는 상황이 불공평할 뿐만 아니라 비합리적이기도 하다고 굳게 확신했다.

사유재산이 폐지되면 사람들의 삶만 개선되는 것이 아니라 사람들 자체도 개선될 것이라고 최초의 공산주의자들은 믿었다. 곧 '전혀 다른 인간'이 탄생될 것이라고 프리드리히 엥겔스는 썼다.

사회주의 실험

러시아나 폴란드, 동독 같은 나라들에서는 산업, 상점, 식당들이 개인 소유가 아니라 국영기업일 경우 어떻게 되는지 수십 년 동안 시험되었다. 기초는 사회주의 계획경제였다. 이 경제 형태에서는 고객들이 무엇을 원하는지 숙고하는 것이 자유 기업가들의 일이 아니다. 관청들이 누가 무엇을 언제 필요로 하는지 파악하려고 한다. 그러고 나서 관청들은 노동력과 원료가 최대한 수요를 충당하게끔 투입되도록 경제를 조직한다.

계획경제는 한동안 꽤 잘 굴러가는 것처럼 보였다. 가령 우주기술 개발에서 소련(현재의 러시아, 우크라이나, 조지아, 벨라루스 같은 나라들의 연방)은 1950, 60년대에 성공을 거두었고, 이는 이 공산주의 국가가 자본주의 미국을 실제로 앞지를 수 있다는 인상을 주었다. 소련(또는 USSR)은 1957년에 스푸트니크Sputnik라고 명명한 최초의 인공위성을 성공적으로 발사했다. 반면에 불과 몇 주 후에 미국의 첫 번째 인공위성 발사는 실패로 끝났다. 발사 후 2초 만에 추진 엔진이 작동을 멈췄고 발사체는 발사대로 노로 추락해 산산조각 나고 폭발해 화염에 휩싸였다. 서방에서는 '스푸트니크 쇼크'를 슬퍼했던 반면 소련에서는 미국의 **카푸트니크** [Kaputnik, kaput(고장 난, 망가진)와 Sputnik를 합성한 단어]를 비웃었다. (미국 신문들은 **Flopnik**이라고 썼다. 유투브에서 이 단어를 검색하면 추락 장면을 볼 수 있다.) 1961년에는 처음으로 인간이 우주선을 타고 지구 둘레를 비행했다. 러시아인 유리 가가린이었다.

그 당시 화제가 되었던 '우주 경쟁'은 기술적 힘겨루기만을 의미하지는 않았다. 힘의 과시이기도 했다. 새로 개발된 로켓 기술은 소련과 미국이 서로 수천 킬로미터 떨어져 있는 세계적 대국을 핵폭탄으로 위협할 수 있게 해 주었다. 핵탄두를 미사일에 장착하기는 쉬웠기 때문이다.

소련 지도부는 기술과 군비 경쟁만 중요한 것은 아니라고 강조했다. 1962년 소련 지도부는 1970년까지 미국의 보편적 부를 따라잡겠다고 결심했다. 1980년이면 미국인들이 "소련인들보다 훨씬 뒤처질 것"이라고 공산당은 자신만만하게 예고했다.

하지만 그렇다고 해도 당의 목표는 아직 전혀 달성되지 않았을 것이다. 소련이나 동독은 그때까지 스스로를 공산주의 국가로 여기지 않았기 때문이다. 그들은 중간 단계인 사회주의 체제라고 보았다. 사회주의 내에서 모든 것이 완벽하게 진행되면 비로소 사람들

자신과 그들의 경제활동 방식이 변화해 다음의 더 높은 단계에 도달
하게 된다는 것이 이론이었다. 이 최고 단계가 공산주의일 터였다.

실패한 실험

결과는 달랐다. 전혀 달랐다. 1980년대에 소련뿐만 아니라 폴란
드, 헝가리, 동독에서도 생활수준은 서구 국가들보다 한참 뒤떨어졌
다. 국민의 언짢음과 불만은 무력으로 억눌렸다. 자유선거도, 자유
노조도, 국민들이 살고 싶은 나라를 선택할 기회도 없었다. 시장경
제체제를 택한 나라들에서는 산업으로 생성된 부가 환경을 파괴할
수 있다는 의식이 1970년대부터 차츰 커졌던 반면에 계획경제체제
에서는 이 문제가 완전히 무시되었다. 계획경제 국가들의 산업시설
은 제1등급 공해 설비였다.

그 결과는 역사책에서 읽을 수 있다. 1980년대 후반 동구권
Eastern bloc 전체에서 정치제도가 거의 무너졌고 더불어 이 나라들의
계획경제도 붕괴했다. 현재 소수 국가들만이 아직 마르크스와 엥겔
스를 기반으로 하는 정당의 지배를 받고 있다. 그러나 중국이나 베
트남은 경제체제를 서방 국가들의 규칙에 맞게 대폭 전환했다. 북한
만이 여전히 순수 계획경제체제를 고수하고 있다. 이는 국민에게 비
참한 결과를 가져왔다.

처음부터 오류였는가?

그렇다면 마르크스와 엥겔스는 처음부터 틀렸던 것인가? 만인에게 유리한 경제를 주장한 그들의 생각은 헛소리에 불과했는가? 그렇지 않다. 마르크스와 엥겔스가 여러 책과 논문에 기록한 내용 중 많은 부분이 그들 주위에서 벌어지는 일을 정확히 서술한 것이었다. 단지 두 사람은 당시, 약 160년 전에 몇 가지를 확실히 잘못 판단했다. 늘 새로운 해결책을 찾아내는 자본주의와 시장경제의 능력을 과소평가했던 것이다. 마르크스와 엥겔스가 책을 썼을 때 많은 유럽인들이―현재의 부에 비하면―지독한 가난에 시달렸다. 노동자들은 병이 나거나 실직하면 지금으로선 상상도 할 수 없이 깊은 나락으로 빠졌다. 노인들에게도 보호 장치는 없는 거나 마찬가지였다. 이 모든 문제를 유럽과 북미, 아시아의 자본주의 시장경제 국가들은 극복할 수 있었다. 최소한 어느 정도는. 여기에 중요한 기여를 한 것이―적어도 부분적으로는―마르크스와 엥겔스의 사상에 뿌리를 둔 운동들, 바로 전 세계의 공산주의, 사회주의 또는 사회민주주의 정당들과 노동조합들이다.

이와 동시에 오늘날 많은 시장경제 국가들에는 마르크스와 엥겔스 시대에는 없던 자유가 존재한다. 두 사람이 공산주의 이념을 발전시켰을 때 독일이나 오스트리아, 영국에서는 진정한 자유선거나 자유로운 의사 표현이 불가능했다. 결국 이 나라들에서는 국민을 억압하는 것이 영구적으로 관철될 수 없다는 사실이 드러났다. 차츰

평등한 세상을 꿈꾸어도 좋은가?

자유선거와 의사 표현의 자유가 실현되었고 노동자들은 자기 이익을 대변할 폭넓은 기회를 얻었다.

잘못된 구조, 독재

반면에 공산당이 '현실사회주의'를 도입한 나라들에서는 정확히 반대 방향으로 갔다. 그 나라들에는 자유선거가 없었다. 중국이나 쿠바, 북한에는 지금까지도 자유선거가 없다. 권력자들의 계획에 어긋나는 말을 하거나 글을 쓰는 자는 중국, 쿠바, 북한에서 순식간에 감옥에 갇혀 평생을 썩을 수 있다. 소련이나 동독도 사정은 마찬가지였다.

소수의 노인들을 계속 권좌에 머물게 하는 것을 주목적으로 하는 독재 사회는 '현실사회주의'의 결정적인 구조적 오류였을 것이다. 마르크스와 엥겔스가 독재도 요구하기는 했다. '프롤레타리아 독재'를. 그러나 그들이 말한 프롤레타리아 독재는 당시 아무 권리가 없던 노동자들(프롤레타리아)이 공장주, 제후, 장군, 주교들의 압제를 떨쳐 내기 위해 한동안 권력을 차지해야 한다는 의미였다. 국민 다수가 프롤레타리아이기 때문에 그런 '프롤레타리아 독재'는 사실상의 민주주의라고 마르크스와 엥겔스는 믿었다. 결국에는 『공산당 선언』에 썼듯이 '각자의 자유로운 발전이 만인의 자유로운 발전의 조건이 되는' 사회가 탄생할 것이라고 말이다.

대중적 아이콘이 된 공산주의 혁명가 체 게바라

그의 얼굴은 아마 가장 빈번히 그려지는 사람 얼굴일 것이다(예수 그리스도와 성모 마리아를 제외한다면). 그 사람은 바로 '체'라는 별명으로 더 잘 알려진 에르네스토 게바라 데 라 세르나다. 이 아르헨티나인은 의학 공부를 마친 후에 역동적인 삶을 살았다. 라틴아메리카를 여기저기 돌아다니면서 한동안 농장, 철도 건설 현장에서 일했고 나중에는 다시 의사로 활동했다. 동시에 그는 한 가지 목표를 품고 있었는데, 그 목표를 1956년부터 쿠바에서 실행할 수 있었다. 그것은 바로 혁명가로서 새로운 정치 질서를 세우는 것이었다. 체 게바라는 피델 카스트로와 함께 쿠바 독재자 바티스타를 실각시킨 후에 다른 곳, 무엇보다도 볼리비아에서 쿠데타를 추진하기 위해 쿠바를 금방 떠났다. 체 게바라는 1967년 10월 9일 볼리비아에서 정부군에 사살되었다. 그 후 체 게바라는 수백만 명의 사람들에게 성자처럼 숭배받았다. 이 잘생긴 라틴아메리카인은 대중적 아이콘이 되었다. 그가 남긴 여러 문장은 마치 성인의 말씀처럼 들리기도 한다. **"진짜 혁명가는 깊은 사랑의 감정에 인도된다."** 또는 **"누구를 겨냥하든, 어디서 일어나든 상관없이, 모든 부정을 마음속 깊이에서 감지하는 능력을 유지하라. 이 능력은 혁명가의 가장 멋진 속성이기 때문이다."**

인용구들의 시적 분위기에도 불구하고 체 게바라는 압제에 맞서 싸우기 위해 폭력을 쓸 생각이 있었다. 비록 의사였지만 사람을 죽여도 된다고 생각했다. 지금 상황에서도 체 게바라가 총을 손에 들지 아니면 다른 길을 선택할지는 말하기 어렵다. 어쨌든 다른 사회를 원하는 많은 사람들은 여전히 그들을 몬보기로 여기고, 라틴아메리카에서는 특히 더 그렇다. 베네수엘라의 후고 차베스나 볼리비아의 에보 모랄레스처럼 민주 선거로 권력을 차지한 사회주의자들은 자신을 '엘 체'El Che와 동렬에 놓고 싶어 하고 체 게바라가 앞서간 길을 이어 가고 있다고 주장한다.

공산주의에서 무엇이 남았는가?

'현실사회주의'는 옛 사회주의 국가들 대부분에서 실패했고 거의 완전히 사라졌다. 그러나 시장의 힘만으로 인류의 문제를 해결하기에 충분한가 하는 의심은 사라지지 않았다. 이 의심 속에는 이미 마르크스와 엥겔스가 (또한 여타 많은 사회주의자, 공산주의자들이) 표현했던 사상들도 항상 공명한다. 마르크스주의는 과거일 수 있다. 그럼에도 불구하고 마르크스와 엥겔스 사상에 대해 생각해 보는 것은 가치 있을 수 있다.

두 사람이 했던 요구들 중 몇 가지는 오늘날 시장경제주의자들도 백퍼센트 유용하다고 여긴다. 가령 마르크스와 엥겔스는 『공산당선언』에서 '모든 아동의 공공 무상 교육'을 요구했다. 당시에는 수업료가 없는 학교는 규칙이 아니라 예외였다. 마르크스와 엥겔스는 또한 '아동의 공장 노동 폐지'를 요구했다. 예를 들어 당시 통용되었던 프로이센 법은 10세나 11세 아이들이 지금은 어른에게도 허가되지 않을 정도의 중노동을 하는 것을 허용했다. 영국에서는 14세나 15세 아이들이 일주일에 최고 69시간 공장에서 일하는 것이 명백히 허용되었다. 게다가 아동과 청소년들은 특히 위험한 작업에 자주 투입되었다. 예를 들어 가동 중인 기계를 청소해야 했다. 아동 노동 중에 사망 사고가 발생하는 것은 일상다반사였다.

카를 마르크스, 아동 노동의 실태를 『자본론』에 기록하다

"9세 내지 10세 아이들이 새벽 2, 3, 4시에 더러운 침대에서 강제로 끌려 나와 헐벗은 생계를 위해 밤 10, 11, 12시까지 일하도록 강요받는다. 그러는 동안 그들의 팔다리는 야위고 몸은 오그라들고 얼굴 표정은 무디어지고 인간적 본질은 돌이나 다름없는 둔감 상태로 굳어져 보기만 해도 소름이 끼친다."

시장만으로는 불가능하다

마르크스와 엥겔스의 다른 사상 몇 가지도 오늘날 전적으로 인정받고 있다. 돈이나 노동력의 분배를 시장의 힘에 맡기지 않는 것이 유용할 수 있다는 기본 생각은 여러 분야에서, 거의 모든 곳에서 수용된다. 일례를 들어 보자. 한 도시에 배치할 소방관과 소방차 수는 당연히 계획된다. 여기에 드는 비용은 국가가 강제로 거둬들이는 논으로 충당된다. 국가가 아니라 민영 화재보험사가 자금을 대는 사설 소방대를 만들 생각은 그 누구도 하지 않는다.

사설 소방대 설립은 시장경제 규칙에 따르면 전적으로 가능할 것이다. 각기 다른 소방대 세 곳에서 최선의 소방 대책을 각자 숙고한다. 그러고 나서 저마다 원하는 가격을 계산해 시민들에게 제안한다. 시민들은 가격 대비 효율이 좋다고 생각하는 소방대와 화재보험 계약을 체결한다.

어떤 사람은 세 블록마다 소방서가 들어서 있어서 좋지만 보험료가 월 30유로나 되는 호화 소방대로 결정한다. 다른 사람은 소방서 수가 그 절반밖에 안 되지만 그 대신 가격도 절반에 불과한 '알디' 소방대를 택한다. 정신 나간 생각이라고? 하지만 이것이 '어떻게 최선의 소방 대책을 세우는가?'라는 질문에 대한 시장경제적 해법이 될 것이다. 이로부터 우리는 경제활동에서 시장 논리를 배제해야 하는 분야들이 있다는 사실을 알 수 있다.

오늘날 우리는 마르크스와 엥겔스 같은 사람들로부터 무엇을 배울 수 있는가? 적어도 전혀 다른 경제활동 형태도 상상할 수는 있다는 사실을 배울 수 있다. 만사가 지금처럼 굴러갈 필요는 없다.

대안 체크: '사회주의' 모델

결산: 성공인가, 실패인가?	현실사회주의 결산: 아주 형편없음.
	마르크스와 엥겔스 사상을 받아들인 노동자
	단체, 사회주의 및 사회민주주의 흐름 결산:
	정의를 위한 투쟁을 어느 정도 진척함.
이 모델이 성공할 수 있을까?	여태까지 시도된 방식으로는 거의 불가능한 편이다.

16

'무이자 경제활동' 모델
또는 돈을 전혀 다르게 다루는 것이 가능한가?

그 지폐들은 예뻐 보인다. 유로화 지폐보다 예뻐 보인다고 많은 사람들이 생각한다. 때로는 알프스 산맥이 배경에서 희미하게 빛나고, 때로는 벚꽃이나 오이꽃을 볼 수 있다. 또는 초록 포도나무 잎도. '슈테른탈러'Sterntaler, '하펠블뤼텐'Havelblüten, '펠저'Pälzer는 모두 다 지역화폐다. 그사이 독일과 오스트리아, 스위스에서만 해도 약 30개의 프로젝트가 공식적 경제순환에 대한 평형추를 형성하고자 한다.

근본이념은 이렇다. 어떤 지역의 시민, 기업, 상점 주인들이 연합해 고유 통화를 만든다. 이런 지역화폐는 대개 유로화에 연계되어 있다. 값이 20킴가우어Chiemgauer인 물건은 일반 화폐순환 과정에서 20유로가 나갈 것이다. 유로와 다른 점은 지역화폐는 이름이 이미 말해 주듯이 해당 지역에서만 유통되어야 한다는 점이다. 브란덴부르크나 팔츠에 사는 사람은 지역화폐로 브란덴부르크나 팔츠산 상품이나 서비스만 구입해야 한다. 그럼으로써 지역 내 일자리가 보장되기를 기대한다. 그 밖에도 빵이나 치즈가 전국을 가로질러 수백 킬로미터나 운송되지 않고 주변에서 바로 조달되면 기름도 절약되고 환경도 보호된다.

유로화와 중요한 차이가 또 하나 있다. 지역화폐는 돈 많은 사람들에 의해 축재되지 않아야 한다. 그보다는 가능한 한 빨리 이 사람에서 저 사람에게로 옮겨 가야 한다. 대부분의 지역화폐 운동은 '화폐 소유자'가 이자로 돈을 벌기 위해 돈을 빌려주는 것도 거부한다. 이자를 현대 경제의 주요 문제 중 하나로 보기 때문이다(7장과 14장 참조).

사지 않고 교환한다

'타우쉬링'〔Tauschring, 독일에서 시행 중인 우리나라의 품앗이 같은 일종의 교환 공동체〕은 한 걸음 더 나아간다. 여기서 근본이념은 다음과 같다. 누군가가 자신이 할 수 있는 무언가를 제공한다. (자기한테 쓸모없어진 물건을 내놓는 사람도 많다.) 이때 공급자는 공급품에 관심을 갖는 사람들이 있기를 바란다. 그리고 자신에게 필요한 뭔가를 다른 사람들이 제공하기를 바란다. 예컨대 잔디 깎기를 좋아하지만 자녀의 프랑스어 시험공부를 도울 실력이 안 되는 사람은 타우쉬링에서 잔디 깎기를 제공한다. 프랑스어를 잘하지만 잔디 깎기를 싫어하는 누군가를 발견하기를 바라는 것이다. '잔디 깎기 얼마만큼이 프랑스어 과외 한 시간의 가치가 있는가?'라는 문제는 대부분의 타우쉬링에서 결제 시스템으로 정한다. 이 시스템은 시간을 대개 교환이 이루어지는 '재능'Talent으로 환산한다.

기존 경제활동 방식을 조금이나마 바꾸어 보려고 시도하는 타우쉬링들 외에 세상 개선을 목적으로 삼지 않는 교환 운동들도 있다. 예를 들어 엑실라Exsila 사는 인터넷을 통한 개인 대 개인의 물물교환을 주관한다. 기본적으로는 이베이와 비슷하지만, 돈이 아니라 고유 결제 단위로 지불하는 점만 다르다.

아주 좋아 보이는데 난점은 어디에?

인터넷 사이트 'tauschring.de'에는 독일에 있는 200여 군데 타우쉬링의 주소가 실려 있다. '지역화폐 협회'에는 20개가 넘는 지역화폐 단체가 등록되어 있다. 그러나 지역화폐와 타우쉬링 운동은 공식적 경제순환에 대항하여 취미 수준을 뛰어넘는 뭔가를 제시하기에는 아직 한참 멀었다.

그 말은 지역화폐나 타우쉬링 운동이 공식적인 경제에서 중요한 것, 즉 권력을 약화할 능력이 없다는 의미이다. 은행장이 은행 앞 잔디를 깎는 정원사보다 1,000배나 많이 번다면, 거기에는 한 가지 중

잉잉

돈 대신 재능을 주고받는 사람들

요한 이유가 있다. 바로 은행장이 그런 급료를 타 낼 권력이 있다는 것이다.

세금 신고서 작성에 능숙한 사람이 타우쉬링에서 자기 노동시간에 대해 잔디 깎기를 제공한 사람만큼만 대가를 요구하는 것이 존경할 만한지는 몰라도, 우리 경제제도에서 정원사나 보육사, 택배 배달원이 은행가나 엔지니어, 세무사보다 훨씬 밑에 있다는 사실을 조금도 바꿔 놓지는 못한다. 이런 현실을 바꾸려면 권력이 필요하다. 그리고 정원사나 보육사, 택배 배달원들이 뭉칠 때 힘을 행사할 수 있다. 또는 국가도 예컨대 세금을 통해 돈을 조종함으로써 권력을 행사할 수 있다(자세한 내용은 20장 참조).

이자가 죄악일 수 있는가? 오 그럼!

이자를 폐지해야 마땅하다는 생각은 이미 오래전부터 있었다. 구약성서에는 이렇게 쓰여 있다. "네가 만일 내 백성 중 (……) 하나에게 돈을 꾸어 주면 너는 그에게 채권자같이 하지 말며 이자를 받지 말지어다." 그런 만큼 중세에 기독교 교황과 주교들은 돈을 빌리는 사람이 빌린 돈보다 많이 갚아야 하는 것을 반대했다. 개신교 창시자 중 하나인 마르틴 루터도 이자 받는 것을 죄악으로 여겼다. 하지만 교회의 이자 금지령을 피해 가는 머리 좋은 상인과 은행가들이 계속 나타났다. 곧 금지령은 여기저기 구멍이 뚫렸고 1822년 가톨릭교회는 금지령을 공식적으로 폐지했다. 개신교도 루터 사

후에 재빨리 이자와의 타협책을 찾았다.

반면에 코란에서 무슬림들에게 선포한 이자 금지는 현재까지 통용된다. 때문에 이슬람 국가들에서 은행들은 이런 금지령에도 불구하고 돈이 가능한 한 충분히 유통되도록 자체 수단을 개발했다. '이슬람 금융'Islamic Banking에서는 돈을 빌리는 고객이 원래 의미의 이자를 지불할 필요는 없다. 하지만 수수료를 내야 한다. 여윳돈이 있어서 투자하고 싶은 고객은 각 은행의 사업에서 발생하는 이익 공유액을 받는다. 이자와의 차이는 다음과 같다. 전통적 이자 사업에서 채무자는 어떤 경우에도 일정 시점에 일정 금리를 지불할 의무가 있다. '이슬람 금융'에서는 확정 금리가 공식적으로 정해져 있지 않다. 그 대신 투자자는 은행과 함께 사업 위험 부담을 진다. 사업이 잘되면 배당금이 있다. 잘 안 풀리면 투자자는 소액의 분배금만 받거나 손해를 본다. 그 밖에는 이슬람 국가의 상인, 사업가, 은행가들도 아무 문제 없이 다른 곳에서 보편적인 방식으로 경제활동을 한다.

고전적 돈의 순환을 최선의 해법으로 여기는 경제학자들은 지역 화폐 운동과 타우쉬링에 또 다른 비판을 한다. 이 운동들에 쓸데없이 많은 비용이 결부되어 있다는 것이다. 한마디로 불편하단다. 니더바이에른 지방에 사는 사람이 브란덴부르크나 폴란드에서 생산된 오이를 구입하지 않기로 하면 오히려 손해를 보는 거라고 많은 경제학자들은 주장한다. 현대 경제의 기초는 각자가 가능하면 자기가 특히 좋은 조건을 가진 것을 하고 생산하는 것이다. 그러면 어떤 사람은 특히 유리한 조건에 오이를 생산하고 어떤 사람은 밀을 생산한다. 어떤 사람은 특히 유리한 조건에 모자를 만들고 어떤 사람은 컴퓨터 프로그램을 만든다.

분업으로 모든 사람이 이익을 본다는 것이 고전 경제학자들이 지역화폐와 타우쉬링에 반대해 내놓는 핵심 주장이다. 그들은 분업이 달갑지 않은 결과—예를 들어 오이나 모자용 천이 세계를 수백, 수천 킬로미터 돌아 운반되기 때문에 발생하는 환경오염—를 유발한다면 그런 부작용 역시 일반적 화폐 순환의 수단들로 퇴치할 수 있다고 주장한다. 예를 들어 유류세를 인상해 운송비를 높임으로써 상품이 이리저리 운송되는 것을 방지한다는 것이다.

대안 체크: '무이자 경제활동' 모델

결산: 성공인가, 실패인가?	지역화폐와 타우쉬링 운동 단체 수는 증가하고 있다.
	동참하는 사람들도 즐거워하는 게 분명하다.
	하지만 지역화폐는 실제 비중이 크지는 않다.
이 모델이 성공할 수 있을까?	다윗과 골리앗의 싸움처럼 보인다. 게다가 이 다윗은 매우 약하고 골리앗은 매우 강하다.

우리나라 지역화폐를 소개합니다

우리나라 지역화폐 운동은 1996년 『녹색평론』에 지역화폐가 소개된 뒤 1998~1999년 '미래를 내다보는 사람들의 모임'이 '미래화폐'를 사용한 것이 시초이다. 그 뒤 2000년에 대전에서 지역화폐 '두루'를 쓰는 '한밭레츠'가 출범했고, 뒤이어 과천에서 '과천품앗이'가 '아리'를 지역화폐로 쓰기 시작했다. 현재 전국 40여 곳에서 지역화폐가 사용 중이며, 서울에서만도 17개 자치구에서 '은평이품앗이' 등의 지역화폐를 쓴다. 강원도에서도 도입을 검토하고 있다.

가장 성공적인 사례는 대전의 한밭레츠인데, 2000년에 회원 70여 명으로 시작해서 2014년 7월 현재 680여 명으로 회원이 약 10배로 늘었다. 2013년 한 해 동안 1만 7,300여 건의 거래가 이뤄졌다. 금액으로는 2억 900만 두루에 이른다. 두루 사용이 점점 늘면서 처음에는 외면하던 식당, 세탁소 등도 제법 참여한다. 2002년부터는 '민들레의료생협'이 생겨 병원 진료비까지 지역화폐로 낼 수 있다.

지역화폐의 장점은 부의 흐름이 해당 지역에 환원된다는 데 있다. 그리고 돈이 많이 없어도 회원들끼리 상부상조하면서 삶의 문제

를 해결할 수 있는 데다가, 잃어버린 공동체적 유대와 신뢰 관계까지 회복할 수 있다. 그러나 이기심이나 지나치게 사업적인 태도, 회원들 사이의 인간적 친밀함이나 교육의 부속, 기존 화폐 시스템에 의존한 삶의 방식과 관성 같은 문제들은 지역화폐의 확산을 가로막는 장애물이다.

17

'기본소득' 모델
또는 일하지 않고 돈을 버는 것이 가능한가?

까다로운 질문: 구약성서와 많은 SF 영화의 공통점은 무엇인가?
답: 아무도 뭔가를 사기 위해 일할 필요가 없다. 낙원에는 어차피 모든 것이 다 있었다고 구약성서에 쓰여 있다. 『스타트렉』에서도 돈은 중요하지 않다. 정교한 기계들이 알아서 음식이나 의복을 공급한다. 전설적인 영화 『스타워즈』에서 한 솔로는 범죄 집단 보스인 자바에게 빚을 져서 궁지에 빠지기는 한다. 그러나 스타워즈 우주선 사령관들은 오전 9시부터 오후 5시까지 조별로 일한 대가로 월급 한 푼 받지 않는다. 그들은 누군가 그 일을 해야 하기 때문에 맡은 일을 할 뿐이다. 아니면 일이 재미있어서.

그러므로 '어느 정도 먹고 살 만큼 돈이 충분히 있는가?'란 질문과 '일하고 있는가?'란 질문은 낙원의 과거와 SF 영화의 미래에서는 서로 별 상관이 없다. 하지만 이런 일이 현재에도, 그리고 현실에서도 가능할 수 있을까? 그냥 모든 사람에게 의식주에 충분한 일정 금액을 지불할 수 있을까? 일할지 말지를 사람들이 스스로 결정할 것인가?

노동 강요에서 벗어나기

"그럼요, 가능합니다."라고 말하는 사람들이 상당히 많이 있다. 드러그스토어 체인 'dm'의 창립자 괴츠 베르너는 이미 몇 년 전부터 누구나 국가로부터 받아야 할 금액으로 약 1,500유로195만원를 제안하고 있다. 일하고 싶어 하든, 다른 것으로 하루를 보내고 싶어 하든 전혀 상관없이 말이다.

그런 '조건 없는 기본소득'은 많은 장점이 있다고 찬성론자들은 말한다. 예를 들어 누군가가 '하르츠 IV'(9장과 10장 참조)를 제대로 신청했는지 검토하는, 비용이 많이 드는 현행 절차를 생략할 수 있다는 것이다. 시간당 몇 유로에 불과한 비인간적 저임금은 과거지사가 될 것이다. 가사 도우미에게 900유로나 1,000유로만 지불하고 싶은 사람은 도우미를 구하지 못할 것이다. 괴츠 베르너가 제시한 모델에서는 일하지 않고도 1,500유로를 받기 때문이다.

'dm' 창립자의 제안 외에도 다른 '조건 없는 기본소득' 모델이 여럿 있다. 하지만 다양한 개념들이 논의에서 난무하고, 온갖 개념들을 다양한 사람들이 다양하게 이해한다. 기본소득을 향해 쭉 뻗은

모든 사람에게 기본 소득을!

단순한 길은 분명코 존재하지 않는 것이다.

기본소득에 대한 반대 의견도 많다. 모든 이에게 어느 정도 걱정 없이 살 수 있는 돈을 대 주는 일은 절대 불가능하다고 비판론자들은 주장한다. 설령 기본소득 지급을 위한 자금을 조달할 수 있다고 하더라도, 계획을 실행하려면 조세제도를 전면 개편해야 할 거라고 한다. 그러나 그런 완전 개편은 불가능하다는 것이다. 또 이런 비판도 있다. 노동하지 않고도 돈을 받게 되면 지금 일하고 있는 많은 사람들이 게으름을 피우기 시작할 것이다. 우리가 사는 곳은 낙원도, SF의 세계도 아니다.

정말 불가능한가?

찬성론자들은 다시 반론을 제기한다. 사람들이 오직 돈 때문에만 일하는 것은 아니다. 일이 재미있기 때문에도 일한다. 또는 일이 필요하다고 느끼기 때문에. 컴퓨터 소프트웨어 리눅스의 개발자들은 마이크로소프트 프로그램의 사실상의 독점(3장도 참조)에 대항하고 싶어서 리눅스를 개발했다. 이런 개발 작업의 대부분이 돈벌이가 되지 않았지만 그들은 여가 시간을 투자했다. 온라인 백과사전 위키피디아는 수천 명의 사람들이 대가 없이 구축했고 지금도 여전히 구축하고 있다.

적어도 제3세계에는 가능한 모델인가?

　조건 없는 기본소득이 독일, 오스트리아, 스위스처럼 부유한 나라들에는 부적합할지라도 아주 가난한 나라들에게는 가능한 길일 수 있다고 찬성론자들은 말한다. 관련 실험이 아프리카 남부 작은 마을에서 시작되었다. 나미비아의 오치베로에서는 교회와 사회복지 재단들이 참여한 시민단체가 모든 주민에게 매달 100나미비아달러를 지급하고 있다. 약 8유로(1만원)에 해당하는 금액이다. 나미비아는 유럽보다 물가가 훨씬 싸기 때문에 이 돈이면 다섯 자녀를 둔 어머니(6인 가족 몫으로 600나미비아달러를 받는다.)가 식료품을 사고 학교 수업료를 내기에 충분하다. 그러고 나서도 얼마가 남는다.

　기본소득 도입 이후 분명한 성과가 있다고 보고하면서 단체는 몇 가지 예를 든다. 어떤 마을 주민은 남은 돈으로 닭을 몇 마리 샀다. 그녀는 그 닭으로 소규모 양계업을 시작했다. 다른 여성은 받은 돈으로 밀가루를 샀다. 밀가루로 빵을 굽기 시작해 이제 판매도 한다. 그러니까 이 여성들은 부를 창출하기 시작한 것이다. 자신을 위해, 또한 마을 전체를 위해. 하루 종일 빈곤의 깊은 나락 속에서 아무것도 못하고 가만있는 대신에 뭔가를 실행에 옮길 수 있었다. 그들은 아마 영세업자 수준일 테지만 어쨌든 기업가가 되었다.

　삶에 기반이 되고 그것 없이는 꼼짝할 수도 없는 근간을 사람들에게 제공하는 것. 이런 생각은 '마이크로 크레디트'의 바탕이 되기도 한다. 이 제도 역시 별도의 장에서 다룰 가치가 있다.

대안 체크: '기본소득' 모델

결산: 성공인가, 실패인가?	부유한 나라들에서는 아직 제대로 시험되지 않았다. 나미비아에서 시행 중인 모델은 주관하는 사람들의 의견으로는 잘 진행되고 있다.
이 모델이 성공할 수 있을까?	부유한 나라들에서도 시행 가능할지는 말하기 어렵다. 조건 없는 기본소득이 어떤 형태여야 하는지에 대해 아주 많은 의견들이 있다. 나미비아의 시범 프로젝트가 전국으로 또는 다른 지역으로 확대될 수 있을지는 두고 봐야 한다.

18

'마이크로 크레디트' 모델
또는 가난의 늪에서 빠져나오는 출구가 되는 소액

반 마카라의 사업 아이디어는 동남아시아 캄보디아에 사는 여성으로서는 당연한 것이다. 반 마카라는 쁘레악 타마오 마을 근교 좁은 땅에 혼자서 쌀농사를 짓는다. 그러나 문제가 하나 있다. 비료를 살 돈이 없는 것이다. 비료를 뿌려 수확량을 늘릴 수 있다면 돈을 조금 벌 것이다. 하지만 비료를 사려고 해도 그럴 돈이 없다. 대출이 해결책이 될 수 있을 것이다. 하지만 반 마카라처럼 거의 빈털터리 신세인 사람들은 세계 어디에서든 적절한 이자로 일반 대출을 받을 기회가 없는 것이나 마찬가지다. 반 마카라를 위한 해결책은 마이크로 크레디트Microcredit, 즉 '무담보 소액대출'이다.

키바Kiva라는 단체의 인터넷 사이트에는 이 캄보디아 여성이 마이크로 크레디트를 받게 된 과정을 보여 주는 비디오가 올라와 있다. 이 사례에서는 어떤 영국인이 반 마카라에게 25달러를 빌려주겠다고 나섰다. 키바에서는 여윳돈이 있는 사람(대개는 부유한 나라의 주민)이 돈이 필요한 사람(대개는 가난한 나라의 주민)에게 일정 금액을 제공한다. 논은 개인으로부터 개인에게로 흘러간다. 이윤을 추구하는 은행이 중간에 끼지 않고 자칭 자선단체인 키바 조직이 개입한다. 교환은 주로 인터넷에서 이루어진다. 그런 까닭에 키바는 진작부터 '개발 원조의 마이스페이스'라고 불렸다. 로칼리스텐이나 페이스북, 슈투디파우체트StudiVZ 같은 소셜네트워크 형식으로 운영되기 때문이다. 단체 이름에서도 그 목적이 드러난다. '키바'는 북아메리카 어떤 인디언 부족에서 주민들이 모여 마을 공동체 일을 의논하는 장소였다.

가난한 사람들이 가난한 사람들을 도울 때

제3세계 사람들이 스스로 자신을 도울 수 있도록 그들을 위한 대출제도를 만드는 것. 이 아이디어로 방글라데시 경제학 교수 무함마드 유누스는 국제적으로 유명해졌다. 유누스의 마이크로 크레디트 구상은 키바의 구상과는 다르다. 유누스가 설립한 그라민 은행은 주로 방글라데시 빈민들이 스스로 마련한 돈을 자본으로 한다. 그러니까 그라민 은행은 어떤 식으로는 19세기 유럽에서 설립된 최초의 신용협동조합들처럼 운영된다(19장 참조).
유누스는 자신에게 가장 중요한 것은 최빈민들도 신뢰하는 것이

작은 희망을 싹 틔우는 마이크로 크레디트

라고 말한다. 그들이 대출금을 갚을 수 있다고 믿어 주는 것 말이다. 이런 이유로 그라민 은행에는 거지를 대상으로 한 대출 프로그램까지 있다. 그 돈으로 기지들이 예를 들이 빵 노점상이니 시탕 노점상을 열어서 작은 서비스를 제공하는 데 필요한 물건을 살 수 있게 하기 위해서다.

유누스가 믿어 주려고 하는 것은 무엇보다도 극빈층 **여성들**일 것이다. 유누스의 경험에 따르면 극심한 가난에서 벗어나려고 할 때 여자들이 훨씬 잘 견디고 믿음직하기 때문이다. 그라민 은행 고객의 약 95퍼센트가 여성이다.

사기인가, 노벨상감인가?

적은 돈으로 사람들을 경제적 무기력에서 해방하는 것. 듣기는 좋다. 하지만 마이크로 크레디트라는 훌륭해 보이는 프로젝트에도 그늘이 없지는 않다. 예를 들어 어떤 비판론자들은 키바 조직이 부유한 나라 주민들이 생색을 내며 가난한 나라 사람들에게 자선을 베푸는 낡은 원칙에 따라 일한다고 비난한다. 그런 식으로는 빈민들의 근본 문제에 아무 변화가 없다는 것이다. 무함마드 유누스의 그라민 은행은 이자가 높다고 비판당했다. 또한 고객이 많은데도(2009년 말 현재 약 800만 명) 방글라데시의 빈곤은 그다지 줄지 않았다는 비판도 있다. 방글라데시는 여전히 세계 최빈국 중 하나다. 어떤 비판가들은 그라민 은행이 세계 최대 화학업체인 독일 바스프BASF와 제휴를 맺은 것도 문제 삼는다.

유누스 교수는 가난한 사람들을 위해서 뭔가를 이루는 것이 무엇보다 중요하다고 대꾸한다. 바스프가 여기에 기여할 수 있다면 그라민은 거대 화학업체와도 협력할 것이라고 한다. 유누스는 그라민 은행이 요구하는 최고 20퍼센트의 이자를 수백만 건의 소액대출로 인해 발생하는 행정 비용 때문이라고 변명하고, 거지를 위한 대출 프로그램은 완전 무이자라고 말한다. 또한 유누스는 자신의 아이디어가 단시간에 근본적 변화를 일으킬 수 있다고는 절대 주장한 적이 없다고 거듭해서 해명한다. 오히려 유누스는 이런 원칙을 내세운다. "가난은 가난한 사람들에 의해서가 아니라, 가난한 사람들이 더불어 살아야 하는 제도와 정치에 의해 유발된다. 가난을 없애려면 제도와 정치에 필요한 변화를 이루어야 한다. 그라민은 자선이 가난에 대한 답이 아니라고 생각한다."

무함마드 유누스에게는 비판론자들이 있다. 하지만 지지자들이 더 많다. 유누스는 여러 나라에서 상을 받은 후에 노벨 평화상이라는 굉장히 큰 영예를 얻었다. 흥미롭게도 노벨 경제학상은 타지 못했다.

부유한 나라에도 가능한 모델?

부유한 나라들에노 마이크로 크레디트 추송자늘이 있다. 예를 들어 좋은 사업 아이디어가 있는 실업자들이 일반 은행에서 대출받기가 불가능하기 십상이라는 것이 그들의 문제의식이다. 반면에 공익을 추구하는 마이크로 크레디트 기관들에서는 기회를 얻을 수 있을 테다. 하지만 이런 방향의 개별 시도들은 아직까지는 대규모 움직임으로 이어지지 못했다.

대안 체크: '마이크로 크레디트' 모델

결산: 성공인가, 실패인가?	마이크로 크레디트를 실시하는 단체 수는 끊임없이 늘고 있고 대출자 수도 마찬가지다. 그럼에도 세계적 빈곤은 계속 증가하고 있다.
이 모델이 성공할 수 있을까?	마이크로 크레디트를 실시하는 기관들은 개인을 도운 사례를 수천 가지 댈 수 있다고 말한다.

19

'협동조합' 모델
또는 그냥 함께 경제활동을 할 수 없는가?

또 이 지경이다. 눈이 내렸고, 은행 고객들은 질퍽한 눈을 신발에 묻힌 채 창구가 있는 방으로 들어온다. 페터 브라이터는 양동이와 대걸레를 집어 든다. 여기서 특이한 점은 페터 브라이터가 이 은행의 총수라는 사실이다. 그는 아마 바닥을 직접 닦는 독일 유일의 은행 이사일 것이다. 브라이터가 은행장인데도 바닥을 청소하는 이유가 있다. 그가 가메스펠트 라이파이젠 은행의 유일한 직원이기 때문이다. 정기적으로 청소부가 오기는 한다. 하지만 바닥이 심하게 더러운데 청소부가 없을 때면 은행장이 직접 청소한다.

직원 딱 한 명, 고객 약 600명. 바덴뷔르템베르크 주에 있는 작은 마을 가메스펠트의 라이파이젠 은행은 '독일에서 가장 작은 은행'으로 신문 기사, 텔레비전과 라디오 보도에서 자주 소개되었다. 하지만 이 은행이 인기 있는 기삿거리인 데는 다른 이유도 있다. 페터 브라이터 이전에 40년간 은행을 이끌었던 프리츠 포크트가 인터뷰를 할 때나 토크쇼에 출연할 때마다 가메스펠트의 라이파이젠 은행이 왜 이렇게 삭은지 기꺼이 설명했기 때문이다. 한 가지 이유는 한눈에 파악이 가능해야 한다는 것이다. 더 중요한 이유는 은행이 은행의 주인인 사람들, 즉 수백 명의 가메스펠트 주민들을 위해 존재해야 한다는 점이다. 프리츠 포크트는 대중의 관심을 빼놓지 않고 이용해 다른 은행가들에 대항했다. 페터 브라이터는 전임자와 스타일이 약간 다르긴 하지만 이런 전통을 이어 나가려고 한다.

반자본주의적 은행장

프리츠 포크트는 "당신은 공산주의자입니까?"라는 질문을 받을 때마다 잠깐 생각한 후에 이렇게 대답했다. "네, 에르네스토 카르데날이 공산주의자라는 의미에서요." 카르데날은 1970, 80년대에 가톨릭 신부로서 무엇보다도 라틴아메리카에서 정치적·경제적 부정에 맞서 싸운 것으로 유명해졌다. 카르데날은 자신을 일러 "나는 기독교적 공산주의자"라고 말했다.

프리츠 포크트는 듣는 사람을 어이없게 하는 말을 많이 했다. 한번은 크롬과 유리로 빛나는 궁전 같은 다른 은행에 손님으로 초대되었을 때 포크트가 거기 있던 청중에게 외쳤다. "주위를 둘러보십시오. 여러분이 보시는 것은 전부 훔친 돈입니다! 고객들로부터 훔친

돈이요!" 프리츠 포크트는 은행을 폐지하고 싶다는 뜻으로 그런 말을 한 것이 아니었다. 포크트는 은행가들에게 사회 개혁가 프리드리히 빌헬름 라이파이젠이 19세기에 발전시켰던 사상들을 상기시키려 했다. 은행은 물론 다른 기업들도 몇몇 소수에게 이익을 창출해 주기 위해 존재해서는 안 된다고 라이파이젠은 말했다. 은행과 기업들은 가능한 한 많은 사람이 부를 증식할 수 있도록 기여해야 한다고 했다.

라이파이젠의 근본 사상은 혼자서는 가진 것이 많지 않은 사람들도 뭉치면 몇 가지를 함께 이룰 수 있다는 것이었다. 이런 식으로 설립된 기업—협동조합—은 조합원들이 유용하거나 필요하다고 여기는 것을 제공해야 한다. 이를테면 농산물 시판, 은행 업무, 주택, 어쩌면 친환경 제품들까지. 특별한 점은 기업이 기본적으로 이 기업의 고객이기도 한 사람들 소유라는 것이다. 다시 말해서 주식회사나 개인 소유 회사들처럼 기업으로부터 되도록 많은 이윤을 이끌어 내는 것은 중요하지 않다는 뜻이다. 협동조합들도 당연히 이윤을 내고 싶어 하지만, 이 이윤은 기업에 참여함으로써 이윤이 날 수 있게 만드는 사람들, 즉 조합원들에게 유익해야 한다.

또 다른 특수성은 조합원들이 (일정 범위 안에서) 기업이 어떤 경영 정책을 추구할지 함께 결정할 수 있다는 것이다. 따라서 라이파이젠 협회는 협동조합들을 '민주주의 학교'라고 부른다.

아이디어는 좋은데 종종 잘못 응용된 것뿐인가?

페터 브라이터와 프리츠 포크트는 "돈이란 사람들을 섬기기 위해 존재하지 그 반대가 아니다."라고 말할 때마다 지금까지 늘 조합원들로부터 지지를 받았다. 때문에 가메스펠트의 라이파이젠 은행에서는 다른 은행들이 엄청난 돈을 버는 수단이지만 그만큼 잃게도 만드는 온갖 '금융상품'들을(7장 참조) 전혀 취급하지 않는다. 가메스펠트 라이파이젠 은행은 여윳돈이 있는 조합원들로부터 단순히 돈을 모은다. 조합원들은 그 대가로 일정한 이자를 받는다. 돈이 필요한 다른 고객들은 돈을 빌릴 수 있다. 그 대신 정해진 금리를 지불한다. 금리는 매우 낮다. 누군가 부유해지는 게 목적이 아니라 돈을—조합원들의 견해에 따르면—가장 잘 보관하는 곳에 갖다 놓는 것이 목적이기 때문이다.

프리드리히 빌헬름 라이파이젠 시대 이후로 그는 의도하지 않았을 일도 라이파이젠의 이름으로 많이 벌어졌다. 신용협동조합들도 점점 큰 규모로 결합했다. 신용협동조합들의 상부 조직들은 국제 금융 산업에 영향력을 행사하고자 했다. 그러면서 어마어마한 돈을 날렸다. 이런 일은 라이파이젠의 생각과는 그다지 관계가 없을 것이다.

그런 일이 있어도 가메스펠트의 유일한 은행가인 페터 브라이터의 근본 신념은 전혀 바뀌지 않는다. "라이파이젠의 아이디어는 천재적이었다. 문제는 그것을 어떻게 실천하는가이다."

대안 체크: '협동조합' 모델

결산: 성공인가, 실패인가?	전 세계에 있는 수많은 협동조합들 중 다수가 '일반' 기업들과 거의 차이가 없다. 하지만 조합원들이 정말로 새로운 것을 생각하고 행하는 협동조합도 있다. 중요한 것은 이로부터 무엇을 만들어 내는가이다.
이 모델이 성공할 수 있는가?	150년도 전부터 시험되고 있다. 환경, 사회, 주거 분야에서 프로젝트를, 또는 무엇이든 시작하고 싶다면 협동조합을 통해 하는 것이 가장 좋다.

함께 잘사는 일곱 가지 방법

생산자와 소비자가 모두 행복한 생협 운동

'생협'이란 '생활협동조합'의 준말로, 기존의 소비자 운동보다 한 걸음 더 나간 운동이다. 소비자 운동이 소비자의 권리를 강조하는 운동인 데 반해, 생협 운동은 생산자와 소비자가 연대하여 심신 건강을 도모하고 유기농 생산자를 보호하는 사회적 경제 운동의 일환이다.

가장 선구적인 것은 유기농 농민과 도시 소비자 사이의 상생을 추구하는 '한살림'인데, 1980년대 초반 원주에서 시작되어 1986년 '서울 한살림' 창립 뒤 전국으로 확산되었다. 여성민우회의 '행복중심생협'이나 '아이쿱생협'(자연드림), '두레생협' 등도 착실한 성장을 하고 있다.

한편, 공동 구매 등을 통해 대학 구성원들의 복리 향상을 도모하는 대학생협은 상지대, 이화여대, 한국외국어대 등에서 대표적으로 발전했다. 조합원들이 기금을 모아 의사에게 월급을 주고 의사들은 무료로 진료하는 의료생협은 서울, 안산, 인천, 안성, 원주, 전주, 성남, 대전 등에서 활동 중이다.

20

'정치의 개입' 모델
또는 세계는 얼마인가?

지저귀는 새의 가치는 얼마인가? 예를 들어 사랑앵무의 가치를 알기 위해 인터넷을 뒤져 보면 8유로에서 30유로 사이의 가격이 뜬다. 환경 연구가 프레데릭 베스터가 1980년대 초반 흰눈썹울새에 대해 제시한 대답은 전혀 다르다. 이 작은 동물 한 마리가 154.09유로의 가치가 있다고 베스터는 말했다.

비교적 높은 가격은 흰눈썹울새가 매우 희귀하다는 사실과 전혀 무관하다. 오히려 베스터는 이 작은 동물이 사람들에게 중요하면서 숫자로 나타낼 수 있는 어떤 일을 하는지를 고려했다. 베스터는 식물 씨를 퍼뜨리는 것을 농경에 해가 되는 곤충을 잡아먹는 것과 마찬가지로 계산에 넣었다. 특히 새들이 노래로 주는 기쁨이나 이 환경 운동가가 썼듯이 "우아한 비행으로" 주는 기쁨도 고려했다.

베스터는 물론 흰눈썹울새를 죽게 할 경우에 배상금으로 어딘

가에 154.09유로를 송금해야 한다고는 말하지 않았다. 하지만 베스터의 근본이념은 그사이 널리 퍼졌다. 거의 모든 것이 돈으로 규정되는 세상에서는 환경보호도 돈으로 규정되어야 한다는 것이다. 세계가 현대 경제의 수입으로 오랫동안 아무 대가도 치르지 않고 예를 들어 기후를 나빠지게 한 까닭에 심연에 바싹 다가갔기 때문이다.

시장이 심판해야 한다

늦어도 2005년부터 상황은 변했다. 당시 유럽연합은 이른바 배출권 거래를 시작했다. 이 제도는 기업들에게 기후에 해로운 가스인 이산화탄소를 일정량 배출할 권리를 부여한다. 부여받은 권리 이상으로 대기를 오염시키면 이른바 '오염권'을 구입해야 한다. 기업들은 이산화탄소CO_2를 허용치보다 적게 배출하는 다른 기업들로부터 이 권리를 넘겨받을 수 있다. 다시 말해서 기업들이 환경을 보호하며 일할 때 이윤을 높일 수 있는 것이다.

이 제도는 좋아 보인다. 그러나 몇 가지 숨은 난점이 있다. 많은 환경 운동가들은 '오염권'이 너무 대규모로 배분되었다고 비판한다. 오염권은 판매된 것이 아니라 정치권에서 산업계에 선사한 것이었다. 산업계는 오염권의 대가로 처음에는 한 푼도 지불할 필요가 없었고 공급이 많다 보니 가격은 그사이 폭락했다. 비록 이따금 가격 상승이 있기도 했지만, 기후 보호에 거액을 투자하는 것은 오랜 동안 경제적으로 별로 보람이 없었다. 독일경제연구소는 2009년 말 명확한 결론에 이르렀다. 2009년 말까지 탄소 배출권 거래는 이산화탄소를 거의 배출하지 않는 재생에너지(예를 들어 태양전지)가 경제적으로 더 매력적이 되게 만들지 못했다.

난점은 또 있다. **오염권**을 기업에 양도하는 자는 그럼으로써 이 기업들이 실제로 환경을 침해할 **권리**를 갖는다고 주장한다. 이와 동시에 대기와 세계 기후 전체가 사유재산처럼 사고팔 수 있는 것으로 선언된다.

국가는 얼마나 강력해도 되는가?

배출권 거래 도입 이전에 정치계는 환경문제를 다른 식으로 해결하려고 시도했다. 지구를 둘러싼 아주 중요한 오존층을 위협하는 염화불화탄소CFC, 즉 프레온가스를 금지했다. 화학 공장이 강에 흘려보내는 폐수에 들어 있는 독소는 일정 기준치를 넘으면 안 되었다. 허용치를 초과하면 벌금을 내야 했다. 자동차에 허용된 배기가스 배출량을 지키지 않으면 운전자가 벌금을 내야 하는 것과 마찬가지로.

그러니까 이런 시나리오도 생각할 수 있었을 것이다. 정치계는 예를 들어 2009년에 이산화탄소 200만 톤을 배출한 화력발전소가 2015년에는 170만 톤만 배출할 수 있다고 규정할 수도 있었을 것이

다. 하지만 유럽 정치가들은 기업들이 함께 최선의 해결 방안을 모색할 때 이산화탄소에 의한 대기오염 완화라는 목표를 더 잘 달성할 수 있다고 확신한다. 정치가들은 시장경제에서는 개별 기업별로 금지령을 내리지 않을 때 최선의 해결 방안을 찾을 수 있다고 주장한다. 정치가들은 오히려 전체 경제계에 금지령을 내리기로 결정했다. 경제계가 전체적으로 정해진 이산화탄소 배출량을 초과하면 안 된다는 것이다. 이런 '전체 금지령' 안에서 한 가지 자극이 생긴다. 돈을 벌 자극이. 계산이 맞아떨어질지는 몇 년 후에 드러날 것이다.

경제 규칙은 필요하다.
하지만 어떤 것이 얼마만큼 필요한가?

규칙이 없는 경제는 자기 파괴적인 늑대사회[영국 철학자 토머스 홉스가 자연 상태에서는 '인간이 인간에게 늑대'라고 한 데서 유래한 말]로 이어진다는 사실을 부정할 사람은 거의 없다. 환경과의 접촉에서뿐만 아니라 인간과의 접촉에서도 마찬가지다. 건설업을 예로 들어 보자. 건설업자들이 4유로 이하의 시급을 준다는 기사가 신문에 자꾸 실린다. 그런 형편없는 임금을 받고도 일할 불가리아인이나 루마니아인들이 늘 있고, 독일인들도 있다. 시급 4유로는 건설 노동자에게 불합리한 것이기 때문에, 또 직원들에게 꽤 적절한 임금을 지급하는 다른 회사들을 망하게 하기 때문에 그런 저임금은 금지되어 있다. 그러니까 독일 건설업에서 임금 하한선이 법적으로 규정되어 있는 데는 다 그럴 만한 이유가 있는 것이다.

건설업 외에 다른 몇몇 분야에도 최저임금이 정해져 있지만, 모든 업종에 적용되는 최저임금은 없다.[이 책이 출간된 후인 2015년에 독일도 모든 업종에 적용되는 시간당 최저임금 8.5유로, 즉 1만 1,000원을 처음으로 도입했다. 우리나라는 1988년부터 최저임금 제도가 시행되었다. 최저임금위원회가 심의, 의결한 최저임금안에 따라 고용노동부장관이 매년 8월 5일까지 최저임금을 결정한다. 2015년 최저임금은 시간당 5,580원이다.] 최저임금 제도가 어떤 규모로 시행되어야 하는지에 대해 여러 정당의 생각이 서로 다르기 때문이다.

다른 분야에서도 정치의 경제 개입은 불가피하다고 여겨진다. 일례로 금융업이 있다. 2007년에 시작된 금융 위기 이래 전 세계 정치가들은 은행에 대한 규제를 강화해야 한다고 결정했다. 소수 초갑부 은행가들의 '카지노 자본주의 정신'이 모든 나라를 위기에 빠뜨려서는 안 된다는 것이 공통된 의견이었다(7장 참조). 관청들이 여러 관점에서 억만장자들의 권력에 대항하는 방안을 제시할 수 있다는 것이 위기의 절정에서 드러났다. 그래서 특히 위험천만한 투기가 이루어지는 이른바 '공매도'가 일시적으로 금지되었다. 하지만 금지는 다시 해제되었다. '어떻게 하면 금융계를 가장 잘 규제할까?'라는 문제에 대해서 정치가들 사이에 의견이 전혀 통일되지 않았기 때문이다.

여기서 중요한 문제가 있다. 정치와 행정 결정권자들은 어떤 방향으로 가야 할지 시민과 유권자들의 조언을 들을 필요가 있다. 경제권력의 가장 중요한 대항력 중 하나는 정치권력일 수 있기 때문이다. 정치적 사유와 행동은 많은 분야에서 요구된다. 세금은 얼마여야 하는가? 교육에 얼마를 지출해야 하는가? 환경보호에는 얼마를 지출해야 하는가? 노동자들은 어떤 권리를 가져야 하는가? 어떤 의무를 져야 하는가? 기타 등등.

정치 참여 방법은 한없이 많다. 청년 조직이 있는 여러 정당, 수백 개에 이르는 이른바 비정부 단체, 노동조합들과 그 청년 조직, 교회 단체들과 그 청년 집단에 참여할 수 있다. 또는 상상력이 이끄는 곳에.

대안 체크: '정치의 개입' 모델

결산: 성공인가, 실패인가?	견해 문제. 잔이 반만 찼는가, 아니면 반이 비었는가?
이 모델이 성공할 수 있는가?	해야 한다.

21

'머리 스위치를 켜라' 모델
또는 내가 세상을 구할 수 있는가?

디 에르츠테[Die Ärzte, 독일 펑크록 밴드]의 그 노래가 아주 신곡은 아니지만 (그들 자신의 의견으로는) 세계 최고 밴드가 부르는 후렴은 기억하기 쉽다. **세상이 지금 이런 건 네 잘못이 아니야. 세상이 앞으로도 계속 이렇다면 네 잘못일 거야.**

디 에르츠테의 작사가 파린 우어라우프가 말하려는 바는 명확해 보인다. 네가 매일 목격하는 광기가 끝나도록 뭔가 해라. 그래도 이런 의문은 남는다. 내가 무엇을 해야 하나? 어디서 시작해야 하나? 우리 경제 질서가 사람들을 굶어 죽게 만드는 것이 우리 경제 질서가 환경을 파괴하는 것보다 더 큰 광기인가? 아니면 몇몇 소수의 부를 지키기 위해 전쟁이 일어나는 것이 특히 큰 광기인가?

디 에르츠테는 권한다. "다시 거리로 나가라, 다시 시위를 하러 가라." 이런 의문은 남는다. 어떤 시위? 시위가 끝난 후에 무엇을 하나? 자기 집 안에서 세상을 구하나?

그동안 개개인이 어떻게 세상을 구할 수 있는지 기다란 점검 목록을 제공하는 책들이 아주 많이 나왔다. 전기 제품을 하루 종일 켜놓지 않거나 자동차 운전 때 연료를 절약하는 것이 한 가지 팁이다(이유는 명백하리라). 고기를 덜 먹는 것은 다른 팁이다(식용 가축을 기르려면 식물 재배보다 시간과 비용이 훨씬 많이 들어서 환경에 더 해롭다는 사실을 아직 모르는 사람들을 위한 팁이다). '공정 무역'으로 거래되거나 환경친화적으로 제조된 식료품을 사는 것도 한 가지 팁이다. 신앙심이 없더라도 교회에 다니는 것은 또 다른 팁이 될 것이다(교회는 독일에서 사회복지망을 응집하는 몇 안 되는 조직 중 하나이기 때문이다). 기타 등등. 기타 등등.

이 모든 것이 잘 이루어진다. 하지만 그런 점검 목록이 사실 필요하기나 한 건지 의심할 수 있다. 문제는 무엇보다도 머리에 스위치를 켜는 것이기 때문이다. 그러면 누구나 스스로 자신의 점검 목록을 만들 수 있다.

머리 스위치를 켜면 금방 몇 가지가 분명해진다. 가령 3유로짜리 티셔츠는 인간 존엄성이 존중되는 조건에서 생산될 수 없다. 그러므로 그런 티셔츠를 살지 말지 고민해야 할 것이다. 석유를 무턱대고 땅에서 뽑아내 비닐봉지를 만들고 그 봉지들이 결국 잘해야 연기가 되어 대기로 날아가고 잘못하면 바다로 흘러가 돌고래 위 속으로 들어가는 일이 장기적으로는 잘될 수 없다는 사실을 머리가 아주 안 돌아가는 사람도 당장 알아차릴 것이다. 밭과 농장들을 독으로

머리 스위치를 켜라

뒤덮이게 하는 것도 장기적으로는 잘될 수 없다. 그다지 똑똑하지 않아도 이런 사실을 이해할 수 있다.

하지만 차를 운전하거나 상을 볼 때만 머리 스위치를 켜는 것으로는 충분하지 않으리라. '경제가 어때야 하는가?'라는 주제에 대해 계속 생각하다 보면 부의 분배가 정상이 아니라는 사실도 알아차리게 된다. 이런 깨달음은 시기심과는 아무 상관이 없다. 이 세상 백만장자와 억만장자들이 자기네가 어마어마한 돈을 가진 이유를 정당화할 좋은 논거를 가졌다면 '시기심 논쟁'에 대해 늘 부정적으로 말할 필요는 없으리라. 부자들은 돈이 어떻게 분배되는지에 대해 논의되는 것을 싫어하기 때문에 '시기심'이라는 상투어를 입에 달고 산다. 권력과 권리의 분배 문제도 이런 식으로 논의된다는 사실을 알고 있기 때문이다.

결국에는 언제나 한 가지가 중요하다. "누가 얼마만큼 권력을 가졌는가?"라고 질문하는 것. 사람들을 지배하는 권력. 온 세상을 지배하는 권력. 그리고 "그는 이 권력을 행사할 어떤 권리를 가졌는가?"라고 질문하는 것.

여기에 다음 질문이 이어진다. "나는 무기력하지 않기 위해, 그럼으로써 권리를 잃지 않기 위해 스스로 무엇을 할 수 있는가?" 이 질문에 각자 스스로 대답해야 한다. 힘없이 있지 않는 것은 정치학 전공 대학생에게는 메커트로닉스[메커니즘과 일렉트로닉스를 합친 말로, 기계의 제어 따위에 전자 기술을 응용하는 학문] 견습생과는 약간 다른 의미를 갖는다. 슈퍼마켓 계산대나 술집에서 아르바이트하는 사람에게는 기계를 개발하는 엔지니어와는 약간 다른 의미를 갖는다. 실업자에게는 자녀 양육이 본업인 사람과는 약간 다른 의미를 갖는다.

그러므로 이 책은 해결 방안들이 넘치는 결말로 끝나지 않는다. 오히려 작은 요구로 끝난다. 이 책을 스스로 계속 써 나가라. 해결책을 찾아라. 힘든 일일 수 있다. 기운 빠지게 할 수 있다. 하지만 재미있을 수도 있다. 그러니 즐겁게 찾기를!

대안 체크: '내가 세상을 구할 수 있는가?' 모델

결산: 성공인가,	수백만 또는 수십억 명의 구원자가
실패인가?	없었더라면, 세상은 이미 오래전에
	멸망하지 않았을까?
이 모델이	아래에 스스로 써 보라.
성공할 수 있는가?	당연하다, 왜냐하면……

끝맺으며

더 많은 정보를 얻는 일곱 가지 방법

책 세 권

왼쪽에서 본 세계는 지금 어디쯤 왔을까?

Uns gehört die Welt: Macht und Machenschaften der Multis

클라우스 베르너 로보 지음, 한저 출판사, 2008

이 책에서 저자는 세계화된 경제의 폐단을 지적한다. [한국어판은 알마, 2012]

빨간 양털 조끼의 세계 여행 Die Weltreise einer Fleeceweste

볼프강 코른 지음, 블룸스베리 출판사, 2009

'큰 세계화에 대한 작은 이야기'라는 부제로 내용을 짐작할 수 있는 흥미진진한 책. [한국어판은 웅진주니어, 2010]

돈!: 슈피겔 역사 2009년 4호 Geld!: Der Spiegel Geschichte Nr.4, 2009

디트마어 피퍼·라이너 트라우프 외 지음, 슈피겔 출판사, 2009

시사 주간지 「슈피겔」의 특별호로, 돈과 경제에 대한 설명과 통찰이 넘친다.

영화 세 편

돈을 법시다 Let's make money

에르빈 바겐호퍼 감독, 2009

오스트리아 출신 에르빈 바겐호퍼 감독은 이 다큐멘터리 영화에서 현대 경제계를 인정사정없이, 전혀 지루하지 않게 보여 준다.〔에르빈 바겐호퍼가 다른 저자와 함께 쓴 책 『누구를 위하여 공부하는가』(생각의날개, 2015)와 『식탁 위의 불량식품』(현실문화, 2010)이 번역되어 있다.〕

떼돈 Schotter wie Heu

빌트루트 바이어·지그룬 쾰러 감독, 2003

아주 최신작은 아니다. 하지만 상을 받은 이 영화에서 빌트루트 바이어와 지그룬 쾰러가 '독일에서 가장 작은 은행'의 전 은행장이 돈을 색다르게 다루는 모습을 보여 줄 때 아직도 아주 웃겼다가 의미심장했다가 한다.

자본주의: 러브 스토리 Capitalism: A Love Story

마이클 무어 감독, 2009

미국의 다큐멘터리 영화감독 마이클 무어는 이 영화에서 미국식 자본주의에 책임을 묻는다. 풍자적으로 재미있게.

만화책 한 권

오벨릭스 선돌 판매 회사: 아스테릭스 23편

Obélix et Compagnie: Astérix 23

르네 고시니 글, 알베르 우데르조 그림, 아셰트 출판사, 1976

「아스테릭스」 시리즈 23편인 이 책은 여느 교과서보다 더 많이, 훨씬 재기 넘치는 방식으로 우리 경제의 진실을 보여 준다. 비록 출간된 지 30년이 넘었지만 많은 면에서 현재 상황에 들어맞는다.〔한국어판은 문학과지성사, 2005〕

해제

다 함께 행복한 세상에 살기 위해
경제를 어떻게 바꿀 것인가?

니콜라우스 뉘첼이 쓴 『부자가 되는 일곱 가지 방법, 가난뱅이가 되는 일곱 가지 방법』은 참 재미있는 책이다. 그것은 첫째로 이 책이 제목에서 예상되는 것과 사뭇 다른 메시지를 전하기 때문이다. 1부에서는 부자가 되는 7가지 모델을 차례차례 불러내 문제점을 조목조목 짚으면서 '이런 식으로 부자가 되어서는 곤란하지 않겠는가?' 넌지시 꼬집는다. 이런 특징은 가난뱅이를 만드는 7가지 모델을 보여 주는 2부에서 더욱 분명히 드러난다. 사실상 우리가 아는 경제의 양지와 음지, 즉 비밀을 모두 가르쳐 주는 셈이다. 뉘첼은 이렇게 진실을 알아 가는 과정을 "머리에 스위치를 켜는 일"이라고 상징적으로 말한다.

이 책이 흥미로운 두 번째 까닭은, 흔히 '파이의 크기'만 키우면 경제 문제가 해결될 것처럼 강조하는 것과는 달리, 우리에게 '파이의 분배'나 '파이의 원천'에 관해 새로운 깨달음을 주기 때문이다. 그렇다. 여태껏 우리는 파이의 크기에만 신경을 써 왔다. 그러나 현실에서는 '부익부 빈익빈' 또는 '사회 양극화'가 계속 진행된다. 그러니

파이의 분배 문제는 파이의 크기 문제 못지않게 중요하다. 나아가 이 책은 '파이가 어떻게 만들어지는가?' 하는 문제, 다시 말해 파이의 원천 문제도 중요하다고 이야기한다. 사실, 우리가 제아무리 파이를 크게 만들어 골고루 잘 나눠 먹는다 하더라도 그 파이 자체가 사람이나 자연을 극도로 희생시켜 만들어진 것이라면 궁극적으로 우리는 행복해지기 어렵다. 이런 면에서 파이의 원천 문제는 우리가 파이를 만드는 과정에서 늘 생각해야 하는 본질적인 측면이다. 이런 이야기를 이 책은 구체적인 예를 들어 가며 재미있게 풀어낸다. 이 책의 1부와 2부가 마치 동전의 양면처럼 한쪽이 부자가 되기 위해선 다른 쪽이 가난해져야 함을 보여 주는 것도, 결국은 파이의 분배나 파이의 원천에서 심각한 문제가 있기 때문이다.

마지막으로 이 책이 재미있는 이유는, 진짜 부자로 사는 법이 무엇인지 가르쳐 주기 때문이다. 이것은 3부 '함께 잘사는 일곱 가지 방법'에서 잘 드러난다. 여기서 말하는 '진짜 부자'란 남보다 더 많은 돈을 벌고 남보다 더 높은 지위에 오르는 것이 아니라, 다른 사람과 더불어 살 수 있고 대자연의 품속에 겸손하게 깃들어 살 수 있는 사람이다. 지은이의 말을 빌리자면, "파이를 굽고 나눌 때 광기가 발생하지 않도록" 그런 방식으로 살아가는 사람이 참된 부자인 셈이다. 그렇다. 우리는 대체로 돈이나 권력을 더 많이 갖기 위해 '광기'를 발동한다. 탐욕이다. 그러나 마하트마 간디 선생이 말했듯, "지구는 우리의 인간적 필요를 위해서는 하나도 충분하지만, 우리의 탐욕을 위해서는 몇 개 있어도 모자란다." 탐욕이나 광기를 버리고 우리의 인간적 필요에 충실할 때 우리는 진정 부자로 살 수 있다.

이런 점에서 이 책은 우리나라 청소년들이 올바른 경제관념을 배울 수 있도록 도와주는 훌륭한 경제 교과서가 될 만하다. 나는 시간이 날 때마다 청소년이나 대학생들에게 일류 대학이나 일류 직장에 목을 매지 말고 '일류 인생'을 살아야 한다고 말한다. 내가 말하는 일류 인생이란 첫째, 자신만의 꿈을 갖고, 둘째, 그 꿈에 걸맞은 실력을 쌓으며, 셋째, 그 실력으로 사회를 위해 헌신하는 그런 인생이다. 여기서 중요한 점은 자신만의 꿈을 찾을 때, 기본적으로는 자신의 흥미나 관심사에서 출발해야 하지만, 동시에 그 꿈이 사회적인 의미나 가치를 갖도록 내용이나 방향을 잘 잡아야 한다는 것이다. 바로 이 과정, 즉 자신의 꿈과 사회적인 의미를 잘 결합하는 과정에서 이 책『부자가 되는 일곱 가지 방법, 가난뱅이가 되는 일곱 가지 방법』이 상당한 도움을 줄 것이라 믿는다.

이런 면에서 어른들도 자신의 삶을 보다 보람 있게 재설계하고 싶다면, 이 책을 찬찬히 읽고 토론할 필요가 있다. 왜냐하면 돈이나 권력, 명예나 인기의 측면에서 끊임없이 더 많은 것을 추구하는 '광기' 속에 살아가는 사람들은 삶의 어느 시점에서 불현듯 '내가 왜 이런 식으로 살고 있나?' 또는 '왜 이렇게 내 삶이 공허하게 느껴지지?'라는 회의에 빠지기 쉽기 때문이다. 이처럼 회의감을 느껴 본 사람이라면 이 책을 읽고 자신의 삶을 새로운 방향으로 '경로 변경'하는 데 도움을 얻을 것이다. 좋은 책은 늘 이렇게 우리의 삶에 길잡이가 된다.

그런데 우리는 자신의 삶을 진정 멋지게 살아 내기 위해서라도 개인적 문제만이 아니라 사회적 문제에도 관심을 가져야 한다. 지은이 뉘첼도 군데군데 말하지만, 나는 사회적 불평등 문제와 더불어 노동인권 침해나 자연 생태계 파괴 문제가 가장 심각한 사회문제라 본다. 사회적 불평등 문제는 앞서 말한 파이의 분배 문제와 연관이 있고, 노동인권 침해나 자연 생태계 파괴는 파이의 원천 문제와 관련이 있다. 이런 문제가 존재하는 현실을 그대로 둔 채 우리는 결코 자신만의 행복을 추구하면서 참된 행복을 느끼거나 참된 부자로 살 순 없다.

이런 맥락에서 나는 이 책의 구석구석마다 보충 설명을 보태었다. 즉, '우리가 정말 멋지고 행복한 인생을 살기 원한다면 이런 점들에도 관심을 좀 기울여야 하지 않겠나?' 하는 생각을 가지고, 이미 훌륭한 독일 저자의 이 책을 한국적 시각으로 좀 더 보완하고자 했다. 모쪼록 독자들이 뉘첼의 기본 메시지와 더불어 나의 보충 설명이나 해제 속에 담긴 뜻을 보다 잘 이해함으로써 날마다 좀 더 행복하게 살아가는 데 작은 용기와 지혜를 공유할 수 있기를 빈다. 모두 고마운 일이다.

2015. 2. 13.

강수돌, 세종시 고려대 경영학부 교수

오늘날 돈벌이가 경제의 핵심처럼 보이는 것은 자본주의 시대의 산물일 뿐이다. 그러나 정작 경제의 핵심은 '돈벌이'가 아니라 '살림살이'다. 그래서 일하는 사람들의 입장에서, 또 희로애락을 느끼며 삶을 행복하게 살고자 하는 사람의 입장에서 보는 경제를 계속 공부할 필요가 있다. 아래에 소개하는 책과 영화들은 경제를 보는 새로운 눈을 키우는 데 도움을 줄 것이다.

책 여섯 권

세상을 바꾼 자본

박홍규 지음, 다른, 2011

이 책은 인간이 문명을 이룬 이래 어떻게 살아왔으며 앞으로 어떻게 살아가야할 것인지 질문을 던진다. 돈과 자본의 차이를 설명하고, 자본이 경제적인 측면뿐만 아니라 인간 사회의 모든 것을 바꾸었다고 진단한다. 또 자본이 지배하기 이전의 세계와 유럽의 식민지 쟁탈 시대 및 그 이후의 세계를 대비한다. 나아가 자본 일변도의 세계사 흐름에 저항하는 새로운 반자본 운동까지 살핀다.

살림/살이 경제학을 위하여

홍기빈 지음, 지식의 날개, 2012

이 책은 돈벌이 경제와 살림살이 경제의 개념적 차이는 물론 그 역사적 변화 과정을 고찰하며 특히 살림살이 경제의 이론적 배경을 제시한 아리스토텔레스나 소스타인 베블런, 칼 폴라니 등의 이론적 입장을 자세히 검토한다. 저자는 인간의 살림살이에 대한 고려를 배제한 채 더 많은 이윤을 추구하는 방법과 그에 대한 분석에만 몰두하는 기존의 경제학을 '돈벌이 경제학'이라 규정한다. 나아가 미래에는 신자유주의의 '돈벌이 경제학'이 아니라 '살림/살이 경제학'이 개인, 가족, 지역, 나라, 나아가 세계 경제를 조직하는 대안적 원리가 될 것이라고 말한다.

얼마나 있어야 충분한가

로버트 스키델스키·에드워드 스키델스키 지음, 김병화 옮김, 부키, 2013

이 책은 '끝없는 욕구'에 대한 반론이다. 동시에 자본주의 체제에서 형성된 우리의 가치관에 대한 체계적이고 역사적인 고찰인 동시에 우리가 꿈꾸어야 할 가치 있는 삶에 대한 청사진을 그려 준다. 영국의 경제사학자 로버트 스키델스키와 그의 아들인 철학자 에드워드 스키델스키는 1930년에 케인스가 발표한 논문 「우리 후손을 위한 경제적 가능성」에서 '드높은 경제성장으로 대부분의 사람들이 주 15시간만 일하는 세상이 100년 후면 온다'고 전망한 사실에 주목한다. 80여 년이 지난 지금, 성장에 관한 케인스의 전망은 비교적 정확했지만 주 15시간만 일하는 '좋은 삶'은 아직 멀다. 두 저자는 철학과 역사, 경제학의 전망을 한데 가져다 놓고, '좋은 삶'을 위해서는 '충분함'의 원리가 중요함을 강조한다.

글로벌 슬럼프

데이비드 맥낼리 지음, 강수돌·김낙중 옮김, 그린비, 2011

캐나다 요크대학의 정치경제학 교수인 맥낼리는 이 책에서 2008년 미국 발 세계 금융 위기가 어떠한 역사적·사회적 맥락에서 나온 것인지 비교적 알기 쉽게, 그리고 민중의 시각에서 설명해 낸다. 그의 결론 중 하나는 2008년 세계 금융 위기로 1980년대 이후의 신자유주의가 종말을 고했으며, 이제 세계 경제는 장기 침체기에 빠졌다는 것이다. 자본의 입장에서는 이 장기 침체를 돌파하기 위해 더욱더 사람을 혹사하거나 공공 부문을 민영화 또는 사유화하려 들 것이며 자연을 더욱 대대적으로 파괴하리라 전망한다. 그 와중에 온갖 사회정치적 갈등은 가속화할 전망인데, 풀뿌리 민중이 어떤 개념과 전략으로 이 갈등을 돌파하는가에 따라 우리 미래가 달라질 것이라 내다본다.

작은 경제학자를 위한 자본주의 교과서

강수돌 지음, 웃는돌고래, 2012

이 책은 청소년들이 세상을 건강한 살림살이의 눈으로 보도록 돕는 경제 교양서다. '어떻게 하면 사람들이 즐겁게 일하고 행복하게 살 수 있을까?' 하는 문제의식을 안고 자본주의 탐구 여행을 떠난다. 경제와 역사, 세계사와 한국사를 아우르면서, 자본주의 경제 시스템의 탄생과 성장과 변화를 차근차근 알아본다. 언제나 활발하게 움직이는 자본주의 사회가 숨기고 있는 진짜 얼굴을 확인하는 것이 불편할 수도 있지만, 그것이 바로 우리 삶의 진실이다. 책 마지막에는 우리가 일상생활 속에서 어떻게 생각하고 어떻게 실천하며 사는 것이 바람직한지에 대해서도 이야기한다.

타자를 위한 경제는 있다

J. K. 깁슨-그레이엄·제니 캐머런·스티븐 힐리 지음, 황성원 옮김, 동녘, 2014

이 책의 원제는 '경제 탈환하기: 공동체 변혁을 위한 윤리적 안내서'(Take Back The Economy: An Ethical Guide For Transforming Our Communities Licensed, 2013)이다. 호주 및 미국의 교수인 저자들은 페미니즘 경제학자들이다. 우리가 경험하는 경제는 자본이나 권력에 의해 장악된 '빙산의 일각'에 불과하기에 온전한 사람의 것이 아님을 강조한다. 이 소외된 경제를 다시 따뜻한 사람의 품으로 돌리자는 것이 이 책의 기본 입장이다. 그래서 이 책은 실제로 우리가 할 수 있는 다양한 실천 사례들을 구체적으로 제시한다. '사람과 사람, 사람과 자연의 공존'이라는 윤리적 프레임으로 노동, 기업, 시장, 재산, 금융 등 제반 경제 영역을 다시 짤 수 있음을 설득력 있게 보여 준다.

영화 다섯 편

모던 타임스

찰리 채플린 감독, 1936

근대화 과정에서 등장한 기계 시스템과 인간 노동의 관계를 우스꽝스럽고도 진지하게 보여 준다. 공황과 실직 속에서도 채플린과 소녀 사이에 싹트는 아름다운 사랑이 뭉클하다.

카트

부지영 감독, 2014

2007년 이랜드 그룹의 대형 마트인 '홈에버'에서 벌어진 비정규직의 정규직 전환 요구 투쟁을 그렸다. 홈에버는 그 뒤에 영국 테스코와 삼성의 합작인 '홈플러스'로 넘어갔다. '노동 시장의 유연화'라는 이름 아래 증가하는 비정규직 문제, 값싼 가격을 선호하는 소비자들의 욕망 아래 짓밟히는 노동자들의 권리 문제, 그리고 마을의 작은 가게들이나 재래시장 상인들을 희생시키면서 번창해 가는 다국적·초국적 대형 유통 회사들의 문제 등 복합적인 문제들이 등장한다.

월스트리트: 머니 네버 슬립스
올리버 스톤 감독, 2010

2008년 미국에서 시작된 세계 금융 위기의 파장을 엿볼 수 있는 영화다. 당시 세계 4위 투자은행이었던 리먼 브라더스의 파산 이후 수많은 은행과 기업들이 몰락하는 속에서 이야기가 펼쳐진다. 인간의 탐욕과 잘못된 생각에 기초한 돈벌이 경제가 인간 사회와 세상 전체를 어떻게 망칠 수 있는지 잘 보여 준다.

마진 콜: 24시간, 조작된 진실
J. C. 챈더 감독, 2013

2008년 미국의 리먼 브라더스가 파산하는 과정을 적나라하게 보여 준다. 초를 다투는 주식거래 시장에서 거액의 돈이 한순간에 종잇조각이 될 수 있음을 경고한다. 돈벌이 경제가 얼마나 엄청난 거품을 불러일으키는지, 얼마나 큰 위험을 자체적으로 안고 있는지 실감할 수 있다.

아름다운 청년 전태일
박광수 감독, 1995

청년 전태일의 삶과 운동을 다룬 영화다. 1970년 11월 13일, 불과 만 22세 이던 청년 전태일은 "우리는 기계가 아니다!" "내 죽음을 헛되이 하지 말라!" 고 외치며 분신 항거로 죽어 갔다. 그는 청계천의 숨 막히는 옷 공장에서 재단사로 일했다. 자기보다 어린 여성 노동자들이 밥도 제대로 먹지 못하고 하루

12시간 이상 일하는 게 너무나 불쌍해 풀빵을 사 주고 자기는 집에 걸어갈 정도로 인정이 많았다. 이 영화는 전태일의 삶과 죽음을 통해 1970년대의 고도성장이나 '한강의 기적'이 무수한 노동자들의 피와 땀과 눈물을 양분으로 삼고 있음을 감동적으로 보여 준다.

용어 설명

경기 한 경제 분야나 나라 또는 전 세계의 경제 산출량 추이를 나타내는 개념.

계획경제 중앙 기관(대개 국가)이 어떤 상품이 생산되고 어떤 서비스가 제공되어야 할지 결정하는 경제 형태. 사회주의, 결국에는 공산주의를 실현하려고 했던 나라들에서 시행됨으로써 악명을 떨치게 되었다.

공산주의 사유재산과 권력에 의한 지배가 없는 사회 형태. 무엇보다도 카를 마르크스와 프리드리히 엥겔스는 사회주의를 거쳐 공산주의로 이르는 길에 대한 견해를 피력했다.

과중채무 사람이(또는 나라도) 너무 많은 빚을 져서 더 이상 갚을 수 없고 이자도 다 낼 수 없는 상태.

국내총생산(GDP) 한 나라에서 일정 기간에 만들어진 상품과 서비스의 총합.

노동조합 함께 이익을 대변하고 근로 조건과 보수에 대한 단체협약을 체결하기 위해 결성하는 노동자들의 연합.

단체협약 노동조합과 사용자(또는 사용자 단체)가 맺는 근로 조건과 보수에 대한 계약.

독점 오로지 한 공급자가 특정 상품이나 서비스를 공급하는 시장 상황.

리세션(recession) 경기의 후퇴. 국내총생산이 적어도 2분기 연속 감소하는 경우.

마이크로 크레디트 무엇보다도 제3세계 국가들에서 이루어지는 무담보 소액 신용대출로 흔히 협동조합의 근본이념을 바탕으로 한다.

매출 상품이나 서비스를 판매한 수입의 총액.

배당금 주주들에게 배분되는 회사의 이익 공유액.

사회주의 원래 사회주의는 무엇보다도 공산주의로 나아가기 위해 사유재산이 거의 철폐된 경제 형태를 의미했다. 하지만 이 개념은 자유시장 제한을 목적으로 하는 다른 모든 가능한 조치들을 나타내는 말로 자주 쓰인다.

상여금 정기 급여와는 별도로 업적이나 공헌도에 따라 주는 돈. 무엇보다도 대기업 경영자들이 듬뿍 받는 추가 보수.

생산비 일정 단위의 상품이나 서비스를 생산하기 위해 소요되는 비용.

세계화 세계의 상품, 서비스, 정보 교환이 점점 국제화되고 점점 집중되어 간다는 사실을 나타내는 매우 일반적인 개념.

수익률 특정 투자 형태가 가져오는 수익. 퍼센트로 나타낸다.

순(net) 총(gross)의 반대. (대개 임금에서) 이를테면 세금과 사회보험료를 공제하고 남는 금액.

시장경제 상품과 서비스 가격이 근본적으로 공급과 수요의 자유로운 변화에 의해 형성되는 경제 형태.

CEO Chief Executive Officer의 준말. 대기업 최고 경영자를 뜻하는 미국과 영국의 명칭으로 대표이사와 비슷한 개념.

유럽기업(SE) 주식회사와 비슷하지만 유럽 내에서 초국가적 적용 범위를 갖는 회사의 법률적 형태.

유한책임회사 회사 소유주가 일정한 수준까지만 경제적 위험을 지는 회사의 법률적 형태.

이사회 대기업 최고 경영진.

이자 돈이나 상품의 양도에 대한 보상액.

인구학 연령 구조와 인구 변동을 다루는 학문.

인플레이션 화폐 가치의 하락.

자본 경제활동에 필요한 것들을 총괄하는 개념. 기계나 설비 또는 그런 '실물자본'을 살 수 있는 돈 등이 속한다. 경제학에서는 이 개념에 대해 매우 특수한 세분과 정의들이 있다.

자본주의 주로 자본 투입이 결정적 역할을 하는 경제 사회 형태. 목표는 시장경제 틀 안에서 수익과 이윤을 되도록 증대하는 것이다. 이런 목표는 무엇보다도 분업과 지속적 생산성 향상을 통해 달성된다.

자본회사 회사를 한 사람(또는 여러 사람들)이 직접 소유하지 않고, 주식회사나 유한책임회사 등의 형태로 소유권이 나눠져 있는 기업.

정부 지출 비율 전체 경제 산출량에서 국가 기관이나 사회보험이 차지하는 비율.

제3세계 지구상 가난한 나라들을 칭하는 오래된 명칭.

주식회사 소유권이 여러 분야로 나눠졌고, 그 분야들이 다시 여러 소유주에게 분할될 수 있는 기업. 많은 주식회사들이 증시에서 회사 주식을 거래하지만 절대로 전부 다 내놓지는 않는다. 각 주식들은 이른바 주식 펀드로 통합되기 일쑤다.

GDP → '국내총생산' 참조.

지속 가능성 원래는 임업에서 나중에 다시 자랄 만큼만 나무를 베는 것을 가리켰던 말(완전 벌채의 반대). 현재는 경제 전체에서 멀리 미래를 보고 환경과 근로 조건 등을 고려하는 태도를 말한다.

지역화폐 흔히 협동조합을 통해 조직되는 지불수단. 이 지불수단으로 각 지역에서 이자 수익을 추구하지 않고 경제를 강화하기 위해 돈이 보존되어야 한다.

총(gross) 대개 세금과 사회보험료를 공제하기 전 임금에 대해 쓴다.

카르텔 담합으로 경제적 이득을 얻으려는 회사들이나 국가들의 연합. 카르텔 관련 합의들은 경쟁을 제한하기 때문에 흔히 금지되어 있다.

타우쉬링 상품이나 서비스를 돈을 지불하지 않고 교환하는 사람들의 연합.

투기 오로지 가격 변동, 예를 들어 주식이나 자원, 화폐의 가격 변동을 통해 이익을 추구하는 것.

특허 어떤 발명이나 기술적 방법을 혼자 이용할 권리. 대개 (한시적인) 독점으로 이어진다.

파생상품 다른 증권들에서 '파생된' 증권. 대개 주가 변동을 예측해 투기한다.

파업 특정한 요구를 관철하기 위한 공동 작업 거부. 일반적으로 노동조합이 조직한다. 하지만 다른 맥락에서도 이용된다. 예를 들어 농부들의 우유 파업, 대학생들의 교육 파업.

하르츠 IV 일을 할 수 있지만 장기간 취직하지 못하는 사람들에게 지급되는 독일의 국가 급여.

협동조합 특정한 경제적 목표를 추구하는 사람들 무리가 기업을 함께 소유하는 회사의 법률적 형태.

찾아보기